팀 매니지먼트

HARVARD BUSINESS REVIEW ON TEAMS THAT SUCCEED

Original work copyright ⓒ 2004
Harvard Business School Publishing Corporation
All rights reserved.

This Korean edition was published by Book21 Publishing Group in 2009
by arrangement with Harvard Business Press, Boston, MA
through KCC(Korea Copyright Center Inc.), Seoul.

이 책은 한국저작권센터(KCC)를 통한 저작권자와의 독점 계약으로 (주)북이십일에서 출간되었습니다.
저작권법에 의해 한국 내에서 보호를 받는 저작물이므로 무단전재와 무단복제를 금합니다.

팀 매니지먼트

성공하는 팀 구축 전략

더글러스 스미스 외 지음
이영진 옮김

| 발간사 |

시대를 뛰어넘는 현대경영학의 진수

지금으로부터 100여 년 전인 1908년은 경영의 역사에서 상당히 의미 있는 해라고 볼 수 있다. 한때 세계 최고의 기업이었지만 지금은 파산 신청 이후 새로운 회사로 거듭나려고 하는 미국 자동차 회사 GM이 설립된 해가 1908년이다. 또한 그보다 5년 앞서 설립된 포드가 본격적으로 조립식 생산방식을 도입해 '모델 T'라고 불리는 자동차를 생산하기 시작한 해도 1908년이다. 그러나 무엇보다 주목해야 할 것은 전 세계 경영학 교육의 메카라 불리는 '하버드 비즈니스 스쿨'이 1908년에 설립되었다는 점이다. 물론 최초의 경영학 교육기관은 1881년 설립된 펜실베이니아 대학의 와튼 스쿨이다. 그럼에도 불구하고 우리가 하버드 비즈니스 스쿨에 주목하는 것은 이 대학이 경영학 교육은 물론 실제 기업 경영에 미친 지대한 공헌 때문일 것이다.

실사구시의 전통

공교롭게도 하버드 비즈니스 스쿨의 시작은 경영학의 출발을 알리는 신호탄이었다. 1636년 설립된, 미국에서 가장 오래된 대학 중 하나였던 하버드가 본격적으로 경영학 교육에 뛰어들었다는 상징성 외에도, 하버드 비즈니스 스쿨은 경영학 교육의 정체성을 확립하는 데 결정적인 역할을 했기 때문이다. 경영학의 역사에서 해묵은 논쟁 중의 하나는 학문의 정체성을 둘러싼 논란이다. '경영학은 과연 과학인가 아니면 기술인가?'

사실 기업의 역사는 경영학의 역사보다 훨씬 길다. 굳이 기업의 역사를 들먹이지 않더라도 화학 산업의 선두주자인 듀폰이 1802년에 설립되었으며, 석유 산업의 원조인 '스탠다드 오일'과 유통 산업의 개척자인 '시어스'는 1870년과 1886년에 이미 설립되었다. 따라서 경영학이 존재하지 않던 시절에도 기업은 경영자에 의해 운영되고 있었다. 그러나 듀폰의 설립으로부터 100년이 훨씬 지난 1911년 프레데릭 테일러라는 한 경영자에 의해 경영학은 과학이라고 하는 역사적인 출발을 알리게 되었다.

미드베일과 베들레헴 철강회사의 엔지니어였던 테일러는 생산 현장에서 쌓았던 자신의 경험과 연구 성과들을 정리해서 1911년에 『과학적 관리법의 원리(The principles of scientific management)』라는 책을 출간하였다. 이 책이 바로 후대 경영학자들에 의해 테일러가 경영학의 아버지로 칭송되는 결정적인 근거가 되었다. 한 가지 재미있는 사실은 그가 하버드 대학에 합격하고도 시력 악화로 진학을 포기하고 경영자의 길을 걸었다는 점이다. 아무튼 이 책에서 그는 작업에 소요되는 시간과 작업자의 동작에 대한 연구를 통해 하루의 공정한 작업량을 측정하고 이에 근거해서 근로자들을 관리하였다. 즉 단순한 감이나 오랜 경험과 같은 주먹구구식 방법이 아니라, 과학적 지식을 이용해서 기업 현장의 생산성을 향상시킬 수 있다는 점을 최초로 실증하였던 셈이다.

이로부터 개발된 경영학적 지식들이야말로 바로 이러한 테일러의 사상에 기반을 두고, 과학적인 연구 결과와 방법론들을 통해 기업 경영의 효율성을 제고

시키는 역할을 해왔다. 이처럼 경영학은 과학적인 지식을 활용해서 기업 현실의 문제를 풀어간다는 의미에서 과학이면서 동시에 기술이라는 양면성을 갖고 있다고 봐야 한다. 하지만 하버드 비즈니스 스쿨이야말로 경영자들이 당면한 기업 현실의 문제를 해결하기 위한 과학적 지식과 방법을 연구하고 전파시키는 경영학 교육 본연의 모습, 즉 원형을 창조하고 발전시킨 기관이라고 할 수 있다. 하버드 비즈니스 스쿨이 경영학 교육에 끼친 지대한 영향은 크게 다음 세 가지로 요약할 수 있다. 기업 사례의 개발과 활용, MBA 교육의 시작, 『하버드 비즈니스 리뷰』의 발간 등이다.

기업 사례란 경영자들이 직면한 실제의 경영 상황을 설명해 주는 자료로, 학생들이 특정 기업이 처해 있는 실제적인 상황을 분석하고 토론하여 최종적인 의사결정을 해봄으로써 경영자들이 실제 경영에서 얻은 것과 유사한 경험을 갖게 하는 데 목적이 있다. 수업 시간에 주어진 사례를 분석하고 토론하는 과정에서 학생들은 단순한 강의로는 얻을 수 없는 경영의 지혜를 스스로 터득할 수 있다. 사실 사례는 오래전부터 의학이나 법학 분야에서 교육 목적으로 널리 활용되어 왔다. 병원에 있는 실제 환자의 사례 혹은 법정에서의 판례는 실제 의사나 판·검사, 변호사가 되기 이전에 학생들에게 충분한 교육과 연습으로서의 가치를 지닌 교육 자료이자 방법이었다.

하버드 비즈니스 스쿨은 경영학 최초로 1910년부터 강의 외에 학생들에게 토론의 기회를 주는 사례교육을 도입하였다. 뿐만 아니라 기업의 경영자들이 학교에 초빙되어 기업이 당면하고 있는 문제점을 제시하고, 이러한 문제점에 대해 학생들과 토론하는 수업이 진행되었다. 하버드 비즈니스 스쿨에 의해 시작된 사례교육 방법은 경영에 관한 일반적 지식을 다양한 현실에 적용시킬 수 있는 능력을 배양하는 효과적인 방법이었다. 강의식 교육이 교수의 주도적 역할에 의해 일반적인 지식을 학생에게 전수시키는 것이라면, 사례교육 방법은 학생의 적극적

참여에 의해 스스로 깨우치는 것에 초점을 두는 방법이라 할 것이다.

게다가 사례는 허구의 이야기가 아니라 생생한 기업 현장의 스토리였다. 강의실에서 가르치는 지식이 주로 보편적이고 일반적인 지식인 데 반해, 실제 경영 현상은 매우 다양하고 복잡했기 때문에 사례는 이러한 이론과 현실 간의 차이를 메워줄 수 있는 효과적인 수단이었던 셈이다. 지금도 하버드 비즈니스 스쿨은 경영학 모든 분야의 교육용 사례를 개발해서 배포하는 선두 기관으로 자리매김하고 있다. 과학적 지식뿐만 아니라 활발한 사례 개발과 교육을 통해 하버드 비즈니스 스쿨은 실사구시의 학풍을 확고히 정립할 수 있었다.

『하버드 비즈니스 리뷰』의 발간

1921년 하버드 비즈니스 스쿨이 최초로 경영자를 육성하는 MBA 교육을 시작할 무렵, 경영학계에는 두 가지 의미 있는 일이 시작되었다. 첫 번째로 당시 신임 돈햄(Donham) 학장의 전폭적인 후원하에, 앞서 설명한 사례교육이 경영학 교육과정에 확고히 자리 잡기 시작했다. 법학자였던 돈햄 학장은 이미 사례교육에 익숙했고, 경영학에서도 사례교육이 중요하다는 확신을 갖고 사례교육 방법을 전 교과과정에서 채택하도록 노력했다. 이후 사례교육은 미국의 각 대학으로 번져나갔다.

두 번째로 『하버드 비즈니스 리뷰』라는 경영 학술지가 1922년부터 발간되기 시작했다. 『하버드 비즈니스 리뷰』는 여타 학술지와 다른 독특한 특성을 갖고 있었는데, 이는 하버드 비즈니스 스쿨의 실사구시 학풍과도 밀접한 관계가 있었다. 우선 『하버드 비즈니스 리뷰』는 일반적인 학술지와는 달리 철저하게 경영자를 위한 학술지였다. 통상 학술지라고 하면 학자들이 까다로운 기준에 맞춰 연구한 내용을 발표하기 때문에 일반 경영자들보다는 학자나 박사과정 학생들이 즐겨보는 것이 현실이다. 물론 엄밀한 과학성을 추구하는 것은 학술지로서 갖추어야 할 중요한 요건이지만, 학술지들이 너무 지나친 자기검열 기준에 따라 경영학 지식을 다루다보니 경영자들이 쉽게 읽고 이해하는 것이 어렵게 되어버렸다.

하지만 『하버드 비즈니스 리뷰』는 거의 유일하게 창간 이후 지금까지 독창적이면서 혁신적인 경영 아이디어를 다루면서도 결코 경영자들을 실망시키지 않는 풍부한 시사점을 갖춘 경영의 주제들을 담고 있다. 엄격한 학문적인 기준에서는 『하버드 비즈니스 리뷰』는 학술지가 아니라 경영 잡지에 불과하다는 혹독한 비판도 있지만, 기업계는 물론 학계나 기타 컨설팅 업계에서도 『하버드 비즈니스 리뷰』를 인정하는 것은 시대를 관통하는 촌철살인의 문제의식과 독창적인 아이디어를 담고 있기 때문이다. 이제 막 100년을 넘긴 경영학의 역사에서 한 시대를 대표하는 핵심적인 이론과 개념들이 『하버드 비즈니스 리뷰』를 통해 발표되었다는 것은 주목할 만한 일이다.

예컨대 마이클 포터의 산업구조분석(5 forces model), 게리 하멜의 핵심역량(core competence), 마이클 해머의 리엔지니어링(reengineering), 로버트 캐플란의 균형성과표(balanced scorecard) 등 경영학의 역사에서 하나의 변곡점을 만들어낸 주요 개념과 이론들이 『하버드 비즈니스 리뷰』를 통해 소개되었다. 뿐만 아니라 20세기 초의 GM, 포드, 듀폰, 코닥, P&G는 물론 20세기 후반 GE, IBM, 인텔, 마이크로소프트, 애플, 구글 등 수많은 성공 기업의 사례도 이 학술지를 통해 전 세계적으로 널리 알려지게 되었다. 어디 그뿐인가? 우리는 『하버드 비즈니스 리뷰』를 통해 피터 드러커, 테오도르 레빗, 로자베스 모스 캔터, C. K. 프라할라드, 잭 웰치, 마이클 델 등 세계적인 석학이나 성공한 경영자의 사상과 경험들을 접할 수도 있다. 전 세계적으로 유명한 학자나 성공한 기업가, 똑똑한 컨설턴트들이 자신의 원고를 『하버드 비즈니스 리뷰』에 게재하고 싶어 안달인 것은 그만큼 이 학술지가 업계에 미치는 엄청난 영향력을 잘 알고 있기 때문이다.

그동안 『하버드 비즈니스 리뷰』는 시대를 앞선 트렌드와 시대를 넘어서는 고

전이라는 두 마리 토끼를 동시에 잡아왔다. 이 학술지에 실린 글들 중 상당수는 당시의 트렌드를 잘 반영하고 있지만, 그렇다고 해서 이 글들은 일시적인 유행에만 머문 것이 아니라 시대를 관통하는 경영학의 고전들이 되었다. 마이클 포터의 산업구조분석에 대한 연구가 없었다면 경영자들은 아직도 산업 내에서 벌어지는 기업 간 경쟁에 대해서 체계적으로 대응할 수 없었을 것이다. 마이클 해머의 리엔지니어링 개념이 소개되지 않았다면, 아마도 많은 경영자들이 기업 내 다양한 프로세스의 중요성을 인식하지 못했을 것이고, 여전히 고객들은 다양한 부서들의 틈바구니에서 불편함을 겪었을 것이다. 또한 로버트 캐플란이 균형성과표를 소개하지 않았다면, 경영자들은 아직도 단기적인 재무 성과 지표들에만 집착한 나머지 장기적인 관점에서 기업의 성과에 영향을 미치는 고객이나 내부 프로세스, 종업원 등에 대한 성과 측정과 개선이 이루어지지 않았을 것이다.

현대 경영학의 결정판

이런 관점에서 이번에 21세기북스에서 발간되는 '하버드 비즈니스 클래식'은 지난 100년간 발전되어온 현대 경영학의 진수를 제대로 살펴볼 수 있는 좋은 기회라고 생각된다. 1990년대 말부터 『하버드 비즈니스 리뷰』에서는 학술지에 실렸던 우수한 논문이나 기고문 중에서 시대를 넘어서는 글들을 엄선해서 주제별 단행본을 출간하고 있다. 예컨대 변화관리, 리더십, 브랜드 관리, 윤리경영 등 다양한 주제별로 『하버드 비즈니스 리뷰』에 발표되었던 주옥 같은 글들을 묶어서 정리하는 방식이다. 즉 시대별로 발간되는 『하버드 비즈니스 리뷰』를 주제별로 묶어서 재발간하는 셈이다. 이 단행본들을 이번에 21세기북스에서 '하버드 비즈니스 클래식' 이라는 제목으로 소개하게 된 것이다.

'하버드 비즈니스 클래식'은 다음과 같은 세 가지 측면에서 경영자들이나 학생들에게 큰 도움을 줄 수 있다고 생각한다. 첫째, 다양성이다. 각각의 단행본들이 다루고 있는 주제들에 대한 다양한 시각을 살펴볼 수 있다. 굉장히 복잡한 경영의 이슈들을 하나의 이론이나 주장으로 이해한다는 것은 애초부터 불가능한 일이었을 것이다. 예컨대 기업의 영원한 숙제인 '성장 전략'만 하더라도 한두 개의 이론이나 사례로 해결할 수 있는 이슈가 아니다. 기업이 성장하기 위해서는 기존 사업을 혁신시킬 수도 있고, 다른 기업을 인수합병할 수도 있다. 마찬가지로 신규 사업으로 다각화할 수도 있고 파트너들과의 전략적 제휴를 활용할 수도 있다. 하버드 비즈니스 클래식은 성장 전략에 대해 유일무이한 하나의 해답을 제공하려고 애쓰지 않고, 각기 다른 시각에서 연구되어 온 다양한 시각을 제공한다. 그리고 마치 토론을 통해 스스로 해답을 찾아가는 사례교육 방법처럼, 다양한 시각을 담은 글 속에서 독자들 스스로 깨달음을 얻도록 유도하고 있다.

둘째, 연계성이다. 각 단행본들이 담고 있는 글들은 다루는 주제에 대한 다양한 시각을 담고 있지만, 이 글들이 따로 노는 것이 아니라 하나의 주제에 맞게 서로 연결된다는 점이다. 예컨대 '변화관리'의 경우 총 8개의 논문으로 구성되어 있는데, 첫 번째 논문이 변화의 8단계를 설명했다면, 다른 논문은 경영자들이 8단계 모델에 따라 변화를 주도할 때 고려해야 하는 비전, 리더십, 저항, 프로그램 등의 주제를 각기 다루고 있다. 따라서 독자들은 성공적인 변화관리를 위한 다양한 주제들을 읽으면서도, 이들 서로 다른 논문들을 통해 변화관리에 성공하기 위한 공통점이나 보완점들을 발견할 수 있다. 다양한 논문들은 각기 다른 시각을 제공하지만, 이들 관점들이 하나의 체계를 갖추고 있기 때문에 독자들이 일독을 끝냈을 무렵에는 머릿속에 주제와 관련된 큰 그림이 그려지는 셈이다.

셋째, 실용성이다. 책에 담긴 논문들은 연구를 위한 연구, 소수 학자들을 위한 현학적 수사를 배제한 철저하게 실무적인 이슈와 시사점들을 다루고 있다. 이미 언급한 것처럼 『하버드 비즈니스 리뷰』는 창간 때부터 경영자를 위한 학술지라는 독특한 위치를 고수했다. 아무리 이론이 훌륭하더라도 실제 기업 경영에 대한 시사점이 부족하고 경영자들이 이해하기 힘든 개념이나 숫자들로 채워져 있다면 결코 『하버드 비즈니스 리뷰』에 소개되기 어렵다. 따라서 『하버드 비즈니스 리뷰』에 실린 글들은 저마다 다양한 주제를 다루고 있지만, 실제 기업 경영에 미치는 영향력이라는 공통적인 잣대를 기준으로 평가되고 있다. 경영자들에게 큰 영향력을 미친 논문이 우수한 논문인 셈이다. 예컨대 마케팅에 관한 책을 보면 브랜드, 가격전쟁, 웹 마케팅, 마케팅 실험 등 철저하게 기업의 성과와 직결되는 실천적인 마케팅 주제들을 다루고 있다.

최근에도 기업을 둘러싼 환경은 끊임없이 변하고 있다. 따라서 기업 경영을 주제로 다루고 있는 경영학도 예외는 아닐 것이다. 20세기 기업 경영에 도움이 되었던 경영학의 제반 지식이 21세기에도 그대로 적용되리라는 보장은 없다. 그러나 온고이지신이라고 했던가? 전통적인 것이나 새로운 것 어느 한쪽에만 치우치지 않아야 한다는 논어의 가르침처럼, 21세기를 위한 새로운 경영을 만들어나감에 있어 20세기 경영학의 핵심이라고 할 수 있는 '하버드 비즈니스 클래식'에 담긴 주옥같은 글들은 분명 독자들에게 결정적인 도움이 될 것이다.

이동현
'하버드 비즈니스 클래식' 기획위원
가톨릭대학교 경영학부 교수

| 저자 소개 |

더글러스 스미스 Douglas K. Smith는 『더 구루 가이드(The Guru Guide)』에서 세계 최고의 경영 컨설턴트 중 한 명으로 인정한 학자이다. 저서로 『성공을 측정하는 방법(Make Success Measurable)』, 『변화의 책임을 진다는 것(Taking Charge of Change)』, 『가치와 값에 대하여(On Value and Values)』를 펴냈다.

존 카젠바흐 Jon R. Katzenbach는 이 책에 실린 글을 집필할 당시 맥킨지 앤 컴퍼니의 파트너로 활동하다 더글러스 스미스와 『팀 지혜(The Wisdom of Teams)』를 공저했다. 또한 카젠바흐는 그후에도 『진정한 체인지 리더(Real Change Leaders)』, 『최고의 성과(Peak Performance)』를 비롯해 6권의 책을 집필하였고 가장 최근의 저서로 『왜 자부심이 돈보다 더 중요한가?(Why Pride Matters More Than Money)』가 있다. 현재 카젠바흐 파트너스 LLC.의 수석 파트너이자 설립 파트너로 있다.

바네사 어치 드러스캣 Vanessa Urch Druskat은 더럼의 뉴햄프셔 대학 경영대에서 조직행동론을 담당하고 있는 부교수이다.

스티븐 울프 Steven B. Wolff는 이노베이션 시스템스 어소시에이트의 파트너이자 경영학 부교수이다.

이사벨 로이어 Isabelle Royer는 프랑스 릴르 제1대학 IAE 경영대학원의 경영학과 교수를 맡고 있으며, 조직 및 전략 문제를 주로 연구하는 대학 내 GREMCO 리서치센터의 일에 관여하기도 한다.

에이미 에드먼슨 Amy Edmondson은 하버드 경영대학원의 부교수로서, MBA 학생들에게 변화관리론과 조직학습론을 지도하고 있으며, 박사과정 학생들에게는 연구방법론을 지도하고 있다. 다기능팀에서 이뤄지고 있는 학습을 연구하면서 팀원들의 정신적 안정감이 팀, 조직학습, 프로세스 혁신에 미치는 영향에 관해 선구적 연구를 실시했다.

리처드 보머 Richard Bohmer는 의사이자 보스턴의 하버드 경영대학원의 조교수이다.

개리 피사노 Gary Pisano는 보스턴에 있는 하버드 경영대학원 경영학과의 해리 E. 피지 주니어 교수를 맡고 있다.

데이비드 가빈 David A. Garvin은 보스턴 하버드 경영대학원 경영학과의 C. 롤랜드 크리스텐슨 교수를 맡고 있다. 전세계 수많은 기업에서 조직학습에 대한 강연과 상담을 하고 있다. 『살아있는 학습조직』과 『Education for judgment and Managing Quality』 등의 책과 수많은 기사를 썼다. 그는 해마다 가장 뛰어난 논문에 수여하는 맥킨지 상을 세 번 수상했다. 1988~1990년 말콤 볼드리지 품질 대상 감독위원으로 활동했으며 1991~1992년에는 미 전국조사협회에서 일했다.

마이클 로베르토 Michael A. Roberto는 보스턴에 있는 하버드 경영대학원의 부교수로 재직 중이며 학생들에게 경영학, 경영 의사 결정, 경영 전략 등의 과목을 가르치고 있다. 교수로서 로베르토의 주된 학문적 관심은 전략적 의사결정 과정과 최고 경영진 내에서의 의사결정에 초점이 맞추어져 있는데, 최근에는 집단적 판단 오류와 관련된 사례에 대해 연구를 수행한 바 있다. 로베르토의 여러 논문들은 지금까지 『하버드 비즈니스 리뷰』, 『캘리포니아 매니지먼트 리뷰』, 『더 리더십 쿼털리』 등의 전문 학술지에 실렸다. 로베르토는 모건 스탠리, 마스, 더 홈 디포, 노바티스, 더 월드 뱅크 같은 기업들이 자사 임직원들을 대상으로 실시 중인 리더십 계발 프로그램에 교수로 참여해 자신의 전문 지식을 보태고 있다. 그는 하버드 비즈니스 스쿨 MBA 출신으로 같은 학교에서 박사 학위를 받았다. 대학원에서 공부하던 시절부터 학부생들에게 경제학을 가르치기도 했는데, 하버드 대학 내에서 강의 능력에 대해 우수한 평가를 받은 교수들에게 수여되는 얼린 영 프라이즈를 두 차례에 걸쳐 받은 바 있다. 최근의 저서로는 『합의의 기술』이 있다.

에티엔느 웽거 Etienne C. Wenger는 지식경영과 CoP 분야에 관해 컨설팅을 제공하는 컨설턴트이다. 공저로 『CoP 혁명』이 있으며, 캘리포니아 주 노스산후안이 주된 활동 지역이다. 그녀는 캘리포니아 주립대에서 인공지능에 관한 논문으로 박사학위를 받고 그의 첫 번째 저작 『인공지능과 튜터링 시스템: 지식 소통에 대한 전산-인지적 이해(Artificial intelligence and tutoring systems: Computational and cognitive approaches to the communication of knowledge)』를 출간했다. 이후 그는 캘리포니아에 있는 학습연구소 연구원으로 일하면서, 그의 지도교수인 사회인류학자 진 레이브(Jean Lave)와 공동으로 저술한 『상황학습: 합법적 주변참여(Situated Learning: Legitimate Peripheral Participation)』에서부터 실행공동체라는 개념을 발전시켜 왔다. 그들이 개척해 온 실행공동체라는 개념은 오늘날 교육학에서 새로운 탐구 영역을 정착시켜 왔을 뿐만 아니라 경영학과 조직이론에서 지식경영에 대한 이론적·실질적 토대를 제공해 주고 있다.

윌리엄 스나이더 William M. Snyder는 지식실행공동체(CoP)의 실행의 다기능 조직이며 분야를 넘나드는 지식실행공동체(CoP)인 CP스퀘어(CPsquare)의 공동 설립자이다. 그는 국내외 여러 도시의 교육, 공공안정, 경제발전과 같은 분야에서 이뤄지는 공동체 기반의 학습체제들에 관해 연구하고 컨설팅 하는 일을 주로 하고 있다. 20여 년간 조직개발 분야의 컨설턴트로 활약해 왔고, 맥킨지에서도 맥킨지와 맥킨지의 고객들을 위해 전략적 지식 이니셔티브에 관한 컨설팅을 제공해 왔다. 지금은 시민 도메인의 지식 이니셔티브에 관심을 가지고 있으며, 시민단체, 재단, 정부 기관 등이 주도하는 지식 이니셔티브를 중점적으로 돕고 있다. 그는 고어 부통령의 정부혁신범정부협의회(National Partnership for Reinventing

Government)에 참여해 가족건강, 공공안전, 작업장 개발과 같은 시민 도메인의 문제들에 초점을 맞춘 전국가적인 CoP 출범에 참여하기도 했다. 그의 관심은 지역, 주, 연방정부, 그리고 전 세계적인 차원에서 학습하고 혁신할 수 있는 시민 도메인의 제도적인 능력을 개발하고 신장시킬 수 있는 방법을 연구하는 것이다. 저서로 에티엔느 웽거, 맥더모트(Richard McDermott)와 공저한 『CoP 혁명』이 있다.

크리스토퍼 메이어 Christopher Meyer는 기술적 경영학과 혁신 분야의 세계적 전문가이다. 언스트 & 영 경영혁신 연구소 소장이자 자연과학의 복잡성 이론을 비즈니스에 적용하려는 목적으로 설립된 언스트 & 영 산하의 벤처기업 바이오스 GP의 최고경영자이기도 하다. 너브(Nerve)를 1995년에 설립하여 2002년에 사업을 중단할 때까지 그 산하 비즈니스 이노베이션 센터 일을 관장했다. 최근 저서로 『It's Alive : The Coming Convergence of Information, Biology, and Business』가 있다. 경영 일선과 컨설팅 분야에서 20년 이상의 경력을 쌓았으며, 정보 경제의 발전과 영향력 문제에 관한 권위자이다. 『Business 2.0』에 정기적으로 기고하는 칼럼니스트이며 『변화의 충격』의 공동 저자이기도 하다.

폴 레비 Paul F. Levy는 보스턴 베스 이스라엘 디코니스 메디컬센터의 대표이사 겸 CEO이다. 1987년에서 1992년까지 매사추세츠 수자원관리국의 행정처장으로 재직한 바 있다.

차례 | 팀 매니지먼트

발간사 ······ 4

저자 소개 ······ 12

1 CHAPTER 성공하는 팀에는 규율이 있다 ······ 19
더글러스 스미스, 존 카젠바흐

팀과 실무집단은 다르다 | 팀의 목적과 목표는 구체적이어야 한다 | 팀의 인적 구성과 보완 기술 | 성공하는 팀에는 참여의식이 발달되어 있다 | 어떤 일을 추천하는 팀 | 어떤 일을 실행하는 팀 | 어떤 일을 운영하는 팀 | 팀은 고성과 조직의 핵심적 단위이다

2 CHAPTER 팀 내의 집단감성을 긍정으로 이끌어라 ······ 45
바네사 어치 드러스캣, 스티븐 울프

집단 감성지능은 개인 감성지능과 다르지 않다 | 팀은 감성지능을 왜 키워야 하는가 | 감성 교류의 세 가지 수준 | 개인 감성 인식하기 | 개인 감성 조절하기 | 집단 감성 인식하기 | 집단 감성 조절하기 | 외부 감성 조율하기 | 집단 감성지능 모델 | 집단 감성지능을 위한 규범 세우기 | 감성지능적인 팀이 되려면

3 CHAPTER 왜 가망 없는 프로젝트를 중단하지 못할까 ······ 73
이사벨 로이어

RCA의 셀렉타비전 이야기 | 불굴의 신념에서 비롯된 실패 | 수정 충전재에 대한 기대 | 집단신념의 마력 | 맹목적 신념의 위험을 피하는 안전책 | 우리 회사에는 그런 일이 없을까?

4 CHAPTER 리더가 알아야 할 팀 학습 관리법 ······ 99
에이미 에드먼슨, 리처드 보머, 개리 피사노

성공하는 팀에는 팀 학습을 관리하는 리더가 있다 | 수술팀의 팀워크 | 신속화 요인 분리하기 | 실시간 학습의 중요성 | 학습팀을 창조하라 | 학습 분위기를 조성하는 리더

5 CHAPTER 대화형 vs. 주장형 의사결정 과정 121
데이비드 가빈, 마이클 로베르토
의사결정은 사건이 아닌 과정이다 | 대화형 과정 vs. 주장형 과정 | 건설적인 갈등| 숙고 | 종결 시점 | 훌륭한 의사결정을 가늠하는 방법

6 CHAPTER 지식경영의 신개념 CoP 145
엔티엔느 웽거, 윌리엄 스나이더
지식경영의 새 흐름 | CoP의 특징 | CoP를 키워라 | 새로운 개념 CoP

7 CHAPTER 다기능팀에 맞는 성과측정 시스템 167
크리스토퍼 메이어
성과측정 시스템 구축의 기본 원칙 | 다기능팀을 위한 성과측정지표의 개발 | 성과측정 시스템의 구축 과정 | 성과측정지표의 선택 기준 | 성과측정지표의 지속적인 수정·보완

8 CHAPTER 너트 아일랜드 효과를 멈추는 방법 193
폴 레비
자멸의 길을 걷게 된 드림팀 | 너트 아일랜드 효과란? | 배경 이야기 | 주먹구구식 규정의 위험성 | 경영진의 의무

출처 217

1

성공하는 팀에는 규율이 있다

더글러스 스미스
Douglas K. Smith
존 카젠바흐
Jon R. Katzenbach

요약 | 성공하는 팀에는 규율이 있다

팀이라는 이름을 붙인다고 해서 모든 그룹이 다 팀이 되지는 않는다. 팀의 본질을 이루는 것은 무엇일까? 어떤 방식으로 팀을 결성하고 운영해야 팀 성과를 최대한 이끌어낼 수 있을까? 필자들은 이에 대한 해답으로, 최근 저서 『팀 지혜』에서 팀 규율이야말로 진정한 팀에게서 발견되는 주요 성공 요인이라고 제시한다.

팀 조직을 이루는 데 반드시 필요한 요소는 참여의식이다. 참여의식이 없는 그룹의 구성원들은 개별적인 업무 성과를 내기에 급급하지만 참여의식이 있는 그룹의 구성원들은 강력한 응집력으로 공동의 성과를 내려고 노력한다. 성공한 팀을 보면 팀원들이 공유할 수 있는 목적을 파악하는 일에 먼저 많은 시간을 들인 다음, 팀의 목적을 구체적인 실행목표로 옮기는 일은 그 다음 단계로 처리한다. 그래야 팀원들이 연대 책임의식을 갖고 적극적으로 공동의 업무에 참여할 수 있기 때문이다.

팀제 조직과 단순한 실무집단의 차이는 성과 면에서 확연히 갈라진다. 실무집단은 구성원 각자의 기여가 합해져서 집단 성과로 나오지만, 팀제 조직은 구성원 각자의 기여의 합보다 훨씬 더 큰 성과가 나온다. 무슨 말이냐면 훌륭한 팀은 언제나 부분의 합보다 더 큰 가치를 성과로 낸다는 것이다.

카젠바흐와 스미스에 따르면 팀은 다음 세 가지 기본 유형으로 나뉜다.

첫째, 태스크포스 또는 프로젝트팀처럼 어떤 일을 추천하는 팀이다.

둘째, 제조팀, 총무팀, 마케팅팀처럼 어떤 일을 실제로 수행하는 팀이다.

셋째, 주요 기능 활동들을 감독하는 집단으로서 어떤 일을 운영하는 팀이다.

경영자의 핵심 업무는 자신의 팀이 위의 세 유형 중 어디에 속하는가를 파악하는 것이다. 팀은 수직적, 조직적 경계를 초월하여 어떤 곳에서건 운영될 수 있다. 카젠바흐와 스미스는 팀 조직에서만 엿볼 수 있는 특별한 장점들을 소개하면서 고성과 조직의 가장 핵심적인 실무 단위는 팀이 될 것이라고 주장한다.

성공하는 팀에는 규율이 있다

팀과 실무집단은 다르다

1980년대 초 빌 그린우드(Bill Greenwood)는 철도 종업원들 중 일부 반대 세력과 힘을 규합하여 벌링턴 노던(Burlington Northern)의 최고 경영진 자리를 대부분 장악한 뒤 회사 내에 팽배하던 반대를 무릅쓰고 심지어 분규까지 겪으면서 '피기백차(트레일러 수송용 무개화차-옮긴이)' 철도 서비스에서 수십억 달러 규모의 사업을 창출해냈다.

휴렛팩커드(Hewlett-Packard) 메디컬 프로덕트 집단(Medical Products Group)에서는 딘 모턴(Dean Morton), 류 플랫(Lew Platt), 벤 홈즈(Ben Holmes), 딕 알버팅(Dick Alberting)을 위시한 소수 동료들이 뜻을 모아 대다수가 눈길을 거두었던 보건사업에 새로운 바람을 몰고 오면서 회사 내에서 혁혁한 공을 세우기에 이른다.

나이트리더(Knight-Ridder)의 짐 배튼스(Jim Battens) 회장이 추진한 신개념 '고객집착(CO, Customer Obsession)'은 14명의 열성적인 일선 직원들이 업무 과실을 없애고자 하는 강령을 사명감으로 삼아 대변혁을 몰고온 『텔러해시 데모크랫』(Tallahassee Democrat, 나이트리더에서 간행하던 신문-옮긴이) 팀에서 진가가 발휘되었다

이 이야기들에서 우리는 성공한 팀들과 그들의 실제 업적을 엿볼 수 있다. 팀이란, 그 명칭만 붙이면 의욕과 활력이 솟을 거라는 생각에서 불려지는 애매모호한 그룹이 아닌 뭔가 진정한 성과를 내는 조직이다. 그런데 지금까지는 실질적인 성과를 내는 진정한 팀과 그렇지 않은 보통 그룹 사이의 차이가 어디에서 비롯되는지에 관해 별로 논의된 적이 없었다. 아마도 '팀'이라는 용어와 개념이 누구에게나 너무 친숙해서 그렇게 되지 않았나 싶다.

『팀 지혜』를 집필할 당시 우리 머릿속에 들어 있던 생각도 이와 다르지 않았다. 팀 성과를 차별화시키는 요소는 무엇인가, 팀은 언제 어떻게 최고의 성과를 내는가, 최고경영자는 경영효율성을 높이기 위해 어떤 일을 해야 하는가 등을 밝혀내고 싶었던 우리는, 모토롤라(Motorola)와 휴렛팩커드에서부터 오퍼레이션 디저트 스톰(Operations Desert Storm)과 걸 스카우트(Girl Scouts)에 이르기까지 30개 이상의 기업에서 50개 이상의 여러 팀에 속해 있는 수백 명을 인터뷰하면서 이 문제에 접근했었다.

그 결과, 진정한 팀에는 팀을 잘 돌아가게 만드는 기본 규율이 존재한다는 사실을 발견했다. 팀과 훌륭한 성과는 서로 떼려야 뗄 수 없는 상관관계가 있다는 사실과 그렇기 때문에 하나가 없으면 다른 하나를 이룰 수 없다는 사실도 발견했다. 이런 사실에도 불구하고, '팀'이라는 명칭은 너무 남발되고 있다.

그러다보니 훌륭한 성과를 내는 데 필요한 규율을 배우고 적용할 기회를 쉽게 놓치게 되는 경향이 있다. 경영자가 어떤 그룹을 언제 어떻게 팀으로 규정해서 업무를 독려할 것인지를 잘 결정하려면 팀이란 과연 무엇이

고 팀이 아닌 것은 과연 무엇인지를 명확히 가릴 줄 알아야 한다.

기업 임원들치고 팀워크를 부르짖지 않는 이들이 없다. 그래야 마땅하기도 하다. 팀워크란, 조직의 구성원들이 서로의 견해를 듣고 그에 건설적으로 반응해주면서, 서로의 이해나 성과를 의심도 해보고, 지원도 해주고, 인정해주는 과정을 통해 조직 안에 창출되는 일련의 가치를 말한다. 이렇게 해서 창출된 팀워크의 가치들은 팀의 성과도 높여주지만 조직 전체의 성과와 개인의 성과도 동시에 높여준다. 그러나 팀워크의 가치는 그 자체로서 팀에게 절대적이거나 팀 성과를 보장해주지는 않는다.

팀은 그저 함께 모여서 일하는 집단이 아니다. 위원회, 협의체, 태스크포스, 이런 조직이 모두 반드시 팀이 되지는 않는다. 즉 어떤 그룹에 그저 팀이라는 이름을 붙인다고 해서 모두 팀이 되지는 않는다. 이렇듯 복잡한 대규모 조직에 속해 있는 인력을 통틀어 팀이라고 부를 수 있는 것이 절대 아닌데도 얼마나 그 용어가 남발되는지 한번 생각해보라.

팀만이 내줄 수 있는 특별한 성과를 이해하려면 팀과 실무집단 간의 차이를 알아야 한다. 실무집단의 성과는 구성원들이 개별적으로 수행한 각각의 역할이 더해진 것이지만 팀의 성과는 이러한 개별적 결과물의 합에다 소위 '공동의 작업 산물' 까지 더해진 것이라는 차이가 있다. 여기서 공동의 작업 산물이란 2인 이상의 구성원들이 면담이나 조사, 실험 같은 일을 공동으로 실시한 것을 말하는데, 그것이 무엇이건 간에 그 안에는 팀원들의 진정한 공동의 기여가 반영되어 있다.

실무집단은 개개인의 책임감을 중요시하는 큰 조직에 널리 퍼져 있으며 그러한 조직 안에서 큰 효과를 낸다. 훌륭한 실무집단을 보면 정보, 견해, 식견을 공유하기 위해 협력한다. 그런 과정을 통해 서로의 의사결정을 돕고 서로의 성과 수준을 높일 수 있기 때문이다. 그러나 이러한 활동의 초점은 언제나 개인의 목표나 책임감에 놓여 있다. 실무집단의 구성원들은 자신들의 것이 아닌 다른 결과물에 대해서는 책임을 지지 않으며, 2인 이상의 구성원들이 협력할 필요가 있는 누적적인 업무의 추진도 시도하지 않는다.

반면에 팀은 개인 책임감과 상호 책임감을 모두 요구한다는 점에서 실무집단과 근본적으로 다르다. 팀은 집단토의, 논쟁, 의사결정, 정보, 최고 관행, 표준을 공유하는 일 이상의 것에 의존한다. 팀은 구성원들의 공동의 기여를 통해 팀의 작업 산물을 내놓는다. 이런 이유로 팀의 성과 수준은 팀원들의 개별적인 최고 산물의 총합보다 더 높아진다. 간단히 말해 팀이란 부분의 총합 이상이다. 아래에 있는 표 1-1 '팀과 실무집단의 차이점'에서 이를 구체적으로 정리해 놓았다.

팀 규율을 개발하기 위한 첫 번째 단계는 팀을 단순히 일련의 긍정적인 가치들로 여기지 말고 성과의 개별적인 단위로 여기는 것이다. 우리는 성공한 실무팀과 실패한 실무팀을 수십 군데 관찰하면서 다음과 같은 팀 정의를 내리게 되었다. 이를 팀을 위한 실행적 정의, 아니 진정한 팀의 규율로 여기기 바란다.

표 1-1 팀과 실무집단의 차이점

팀	실무집단
• 리더십 역할 공유	• 확실하게 집중된 강력한 리더
• 개별 책임감과 상호 책임감	• 개별 책임감
• 팀의 목적은 팀 내부에서 자체적으로 전달하는 특정한 성격을 띤다.	• 집단의 목적은 명료하게 명시되어 있는 조직 사명감과 일치한다.
• 집단적 작업 산물	• 개별적 작업 산물
• 개방적 토의와 적극적인 문제해결 회의의 장려	• 효율적 회의 운영
• 집단적 작업 산물을 평가하여 직접적으로 성과를 측정한다.	• 타인에게 미치는 영향에 의해 간접적으로 그 효과를 측정한다. (가령 사업 재무 성과 같은 것)
• 토의, 의사결정, 실제적인 업무 협력	• 토의, 의사결정, 권한위임

- **팀에 대한 정의:** 팀이란 서로가 책임이 있는 공동의 목적, 일련의 성과목표, 연대 업무에 헌신하기 위해 모인 보완적인 능력을 갖춘 소수의 사람들을 말한다.

팀의 목적과 목표는 구체적이어야 한다

팀 조직에 없어서는 안 될 요소는 참여의식(Common commitment)이다. 공동의 참여의식이 없으면 각자 자기 성과만 올리기에 급급해한다. 하지만 공동의 참여의식이 있으면 강력한 응집력으로 공동의 성과를 내려고 노력하는 것을 볼 수 있다. 이런 참여의식을 기르려면 팀원들이 믿고 따를 수 있는 목적이 필요하다. 목적은 '공급업체의 기여를 고객만족으로 전환시키기', '언제라도 자부심을 느낄 수 있는 곳으로 우리 회사 만들기', '모든 아이들이 배울 수 있다는 사실 증명하기' 등이 될 수 있다. 신뢰감을 주는 팀 목적은 성공할 수 있고, 최고가 될 수 있고, 혁신을 불러일으킬 수 있고, 최첨단이 될 수 있는 요소와 관련이 있다.

팀은 의미 있는 목적을 개발하려는 노력을 통해 구성원들에게 방향성, 추진력, 참여의식을 심어줄 수 있다. 그러나 구성원들에게 주인의식과 참여의식을 심어주려면 초기 방향을 팀 외부에 맞추어 설정해야 한다. 팀에게 자율권이 있어야 팀 목적을 '정립할 수 있다'는 흔한 가정은 사실은 많은 예비 팀들에게 도움을 주기보다는 혼란을 불러일으킨다. 팀이 완전히 자체적으로 목적을 세울 수 있는 경우는 실은 사업을 새로 시작하는 예외적인 경우에서나 가능하지 일반적으로는 그렇지 않다.

훌륭한 팀은 대개 고위 경영진의 요구나 기회를 실현해내기 위하여 목적을 설정한다. 팀을 결성할 때 팀원들이 가장 먼저 하는 일은 회사의 성과 기대치를 명료하게 정의내리는 일이다. 경영자의 의무는 팀에게 강령, 이론, 성과 과제 등을 명확하게 설정하는 것이지만, 그 목적과 일련의 구체적 목표, 타이밍, 접근법에 대해서는 팀이 충분한 재량권을 갖도록 해주어야만 한다.

성공한 팀들은 자신들의 목적을 연구하고 그 틀을 잡고, 합의를 이끌어내는 데에 개인적, 집단적으로 막대한 양의 시간과 노력을 투자한다. 이 '목적 설정하기'는 팀이 존재하는 한 그치지 않고 이루어지는 핵심 활동이다. 반면에 실패한 팀들은 공동의 목적을 연구하는 일이 별로 없다. 성과에 대한 미진한 집중, 노력의 부족, 부실한 리더십 등 어떤 이유에서건 그들은 목적이 부재하기에 승부욕을 키울 수 없고 그래서 한데 뭉치지 못한다.

훌륭한 팀들은 가령 '공급업자 거부율 50% 줄이기', '졸업자의 수학 성적 40%에서 95%로 끌어올리기' 식으로, 자신들의 공동 목적을 구체적인 성과목표로 옮길 줄 안다. 팀이 구체적 성과목표를 세우지 못하거나 그러한 목표들이 팀의 전반적 목적과 연관성을 띠지 못하면 팀원들이 우왕좌왕 흩어져서 평범한 성과로 퇴보하고 만다. 반면에 목적과 목표가 서로 맞물리면서 팀 참여의식과 결합되면 강력한 성과 엔진으로 작용한다.

각 구성원들에게 의미 있는 목적을 정립하려면 명료한 목적을 구체적이고 측정가능한 성과목표로 전환하면 된다. '일반적 출시 기간의 절반 안에 신제품 출시하기', '모든 고객에게 24시간 안에 대응하기', '비용 절감과 동시에 무결점률 40% 달성하기' 등을 그 예로 들 수 있다. 이를 위해서는 몇 가지 근거가 있다.

- 팀 목표를 구체화하면 조직 차원의 참여의식이나 개인적인 직무목표와는 다른 일련의 작업 산물을 정의내릴 수 있다. 그 결과, 작업 산물에 실질적인 가치를 본질적으로 더할 수 있는 팀원들의 집단적 노력을 요구할 수 있게 된다. 반면에 그때그때 의사결정을 하기 위해 모이는 단순한 행위는 팀 성과를 계속 유지시켜주지 못한다.
- 팀 목표를 구체화하면 팀 안의 커뮤니케이션과 건설적인 의견대립이 명료해진다. 예를 들어 공장 표준화 팀이 기계 교체 평균 시간을 2시간으로 줄이는 목표를 설정했다면 이 목표의 명료성 덕분에 팀은 그 목표에 집중할 수 있게 된다. 목표가 명확하면 그것을 어떻게 추구할지, 그것을 변경할지 말지 등에 집중하여 회의를 진행할 수 있다. 목표가 모호하거나 없으면 회의의 생산성이 떨어진다.
- 팀 목표가 구체적이면 팀은 결과물을 얻는 데에 계속 집중할 수 있다. 가령 엘리 릴리(Eli Lilly)의 페리퍼럴 시스템스 디비전(Peripheral Systems Division)의 제품개발팀은 심부 정맥과 동맥의 위치를 확인할 수 있게 도와주는 초음파 검사기의 시장 도입을 위해 확실한 기준을 설정한 적이 있다. 그 검사기는 일정한 깊이의 피부조직을 통과해도 들을 수 있는 신호를 쏠 수 있어야 하고, 1일 100대 비율로 제조할 수 있어야 하며, 예정된 금액보다 적은 단가에 만들 수 있어야 했다. 팀은 이러한 구체적 목표에 대해 그 진전 사항을 측정할 수 있어서, 검사기 개발 과정이 어느 지점에 와 있는지를 중간중간 확인할 수 있었다.
- 아웃워드 바운드(Outward Bound:학교가 정한 정규 교육과정 외의 과외 활동)에서와 다른 팀 구축 프로그램들이 예시하듯이 팀의 목표가 구체적이어야 팀의 단결된 행동에도 도움이 된다. 일반적인 소집단의 경우, 그 구성원들이 한계를 뛰어넘어서 행동 시간을 50% 줄이려고 한다면 그들 각각의 직함,

특전, 지위들을 무시해야 한다. 그러나 훌륭한 팀은 성과목표의 관점에서 각 개인의 특성을 잘 살려서 각자의 장점을 이끌어낼 줄 안다.

- 팀 목표가 구체적이면 팀은 명료한 목적을 추구해가는 도중에도 작은 승리들을 일궈낼 수 있다. 이러한 작은 승리들은 장기적 목적을 가로막는 불가피한 장애물들을 극복하게 해주고, 참여의식을 높여주는 데에 매우 귀중하다. 가령 초반에 언급했던 나이트리더의 텔러해시 데모크랫팀의 경우, 이 팀은 과실을 없애겠다는 작은 목표를 강력한 고객서비스 목적으로 전환해내었다.

- 구체적인 성과목표가 있어야 구성원들의 마음도 사로잡을 수 있다. 성과목표는 구성원들의 마음에 동기의식을 심어주고 활력을 불어넣어주는 성취의 상징이다. 성과목표가 있으면 팀 구성원들은 극적인 느낌, 긴박성, 실패에 대한 건전한 두려움 등이 한데 뒤섞인 참여의식을 품고서 달성 가능한 도전적인 목표를 앞에 놓고 같은 곳을 바라보며 달려간다. 팀 말고 그 어떤 그룹도 이런 성격을 띠지 못한다.

팀의 목적과 구체적 목표와의 결합은 팀 성과에 절대적으로 필요하다. 이것들은 서로 떼려야 뗄 수 없는 관계로 의존성이 깊다. 확실한 성과목표가 있어야 팀은 책임감을 지니고서 프로젝트의 진행 과정을 계속 따라잡을 수 있다. 팀 목적이 지닌 명료하고 숭고하기까지한 열망이 있어야 일의 의미와 감성 에너지를 계속 충전할 수 있기 때문이다.

팀의 인적 구성과 보완 기술

우리가 직접 속해서 일해 보았거나 만나보았던, 그리고 어떨 때는 관련 기사를 통해 접해보았던 성공한 팀들은 모두 실제로 2인에서 25인까지의 구성이었다. 가령 벌링턴 노던 피기백차팀은 7인 구성이었고, 나이트리더 텔러해시 데모크랫팀은 14인 구성이었다. 대다수는 10인 이하 구성이었다. 이를 보면 소규모 팀 결성이야말로 그 어떤 성공 요소보다 더 실용적인 지침이라는 것을 알 수 있다. 50인 이상의 대규모 인적 구성도 원론적으로는 팀이 될 수 있다. 그러나 그런 규모의 집단은 단일 단위로서 기능하지 못하고 다시 하위 팀들로 나뉘어 기능하기가 쉽다.

왜일까? 구성 인원이 많으면 서로 실제적인 업무를 하지 못하고 집단으로서 체계적으로 상호 교류하는 데에 곤란을 겪는다. 50인이 공동 목표를 향해 개인적, 기능적, 위계적 차이를 조율하며 결과물을 내고 공동으로 책임을 지는 것보다 10인이 그렇게 하는 것이 더 쉬울 것이다.

규모가 커지면 서로 모일 물리적 공간이나 시간 확보와 같은 관리보급(logistical) 문제에도 직면한다. 그리고 군집 행동이나 무리 행동처럼 복잡한 속박을 겪을 수도 있어서 팀 구축에 필요한 관점을 강력하게 공유하기가 어려워진다. 그 결과, 공동 목적을 개발하고자 할 때면 보통 피상적인 '사명'이나 구체적인 목표로 전환되기 어려운 번드르르한 명분만을 내놓기 십상이다. 그런 규모의 모임은 그래서 순식간에 진부해지곤 한다. 서로 모여서는 왜 모였는지를 모르고 목표의식을 상실하게 되는 모습도 종종 보인다. 그런 경험을 해본 사람이라면 누구든지 그게 얼마나 맥이 빠지는 일인지를 잘 알 것이다. 이런 종류의 실패는 냉소주의를 유발해서 앞으로 팀이 노력을 기울이는 데도 걸림돌이 된다.

팀은 적절한 팀 규모도 확인해야 하지만 기술의 올바른 조합, 즉 팀 직무의 수행에 필요한 각각의 보완적인 능력도 개발해야 한다. 예비 팀들이 공통적으로 많이 실수하는 부분이 바로 이 지점이다. 팀이 갖추어야 할 보완적 능력의 요구 조건은 다음과 같이 세 가지로 나뉜다.

- **기술적·기능적 전문성** 의사들이 법정에서 고용차별 문제를 성공적으로 다투기는 힘들 것이다. 그러나 의사와 변호사로 이루어진 팀은 종종 의료 과실과 개인 상해 사례를 심리한다. 비슷한 사례로 마케터들만으로 또는 엔지니어들만으로 이루어진 제품개발팀은 둘 다의 보완적인 능력을 지닌 팀보다 성공하기가 쉽지 않다.
- **문제해결·의사결정 능력** 팀에는 직면한 문제와 기회를 확인하고 앞으로 진행할 선택 사항을 확인하여, 필요한 취사선택을 하여 진행 방향에 대해 의사결정을 내리는 능력이 갖추어져 있어야 한다. 직무에 대해 이런 능력을 최상으로 개발하는 이들이 많지만 팀에는 특히 이런 능력을 보유한 인원이 우선적으로 필요하다.
- **대인관계 능력** 효과적인 커뮤니케이션과 건설적인 논쟁 없이는 서로를 이해하여 목적을 수립하는 일을 할 수 없는데, 이는 당연히 대인관계 능력에 의존한다. 대인관계 능력은 위험 감수, 도움이 되는 비판, 객관성, 긍정적 청취, 건설적인 의심, 타인의 이해와 성취 인정하기 등으로 키울 수 있다.

팀은 기술적이고 기능적인 조직이기에 어떤 최소한의 능력 보완이 없으면 출발할 수 없는 것이 분명하다. 그런데도 팀원을 선발할 때 일차적으로 개인친화력과 공식적 직위를 감안하여 그렇게 하는 일이 많기 때문에 전문성이나 능력의 적절한 배합을 간과하는 문제가 많이 발생한다.

어떤 경우에는 팀 선발에서 능력만을 과도하게 강조하는 일도 흔하다. 그러나 우리가 만났던 모든 성공한 팀은, 그 구성원들이 팀에서 필요로 하는 능력을 처음부터 보유하고 있었던 경우는 하나도 없었다. 가령 벌링턴 노던팀의 경우 그들의 성과 과제는 처음에 마케팅적인 것이었지만 숙련된 마케터가 한 명도 끼어 있지 않았었다. 여기에서 우리는 팀의 성과 과제에 부합하는 필요한 능력을 개발하는 데에도 팀이 강력한 수단이 되어준다는 사실을 밝혀냈다. 그러므로 팀원을 선발할 때는 그가 이미 보유하고 있는 검증된 능력뿐만 아니라 잠재적 능력도 고려해야만 한다.

성공하는 팀에는 참여의식이 발달되어 있다

성공하는 팀에는 공동의 접근법, 즉 목적을 이루기 위해 함께 일할 방법에 대해 강력한 참여의식이 발달되어 있다. 팀원들은 누가 특정한 직무를 맡을 것인지, 어떻게 일정을 짜고 지킬 것인지, 어떤 능력이 개발될 필요가 있는지, 팀의 충성심을 어떻게 지속시킬 수 있을지, 의사결정을 어떻게 내리고 조정할 것인지에 대해서도 의견을 모아야만 한다. 이에 대한 참여의식 요소는 목적과 목표에 대한 팀의 참여의식처럼 팀 성과에 마찬가지로 중요하다.

업무에 어떻게 공동으로 접근해야 할까를 결정하는 일은, 업무의 구체적인 내용에 대해서, 그리고 그것과 개인적 능력이 어떻게 서로 들어맞아야 하는지에 대해서 합의하는 일이 그 핵심이다. 모든 실제 업무를 몇몇 구성원(또는 외부 전문가)에게 위임한 채 단지 '함께 일하는' 데에만 의미를 두는 접근법은 진정으로 팀을 지탱해주지 않는다. 팀이 성공하려면 구성원들은 실제 일에서도 동등한 업무량을 처리한다. 즉 팀 리더를 비롯해 모든 구성원들이 팀의 작업 산물을 내기 위해 구체적인 방법으로 기여를 해야 한다. 이것은 팀 성과를 추진시켜주는 감정적 논리로서 매우 중대한 요소이다.

개개인이 팀에 참여할 때 보면 특히 기업에서는 각자 다양한 배경, 재능, 인성, 선입관을 비롯한 장점, 약점은 물론, 기존에 맡고 있던 직무 과제들을 가지고 있다. 이러한 성격을 띠고 있는 모든 인적자원을 어떻게 공동의 목적에 적용시키느냐 하는 문제를 해결해야 팀은 목표에 도달할 수 있다. 그 과정은 누가 어떤 임무에 적합한지, 그런 임무들이 서로 어떻게 어우러져야 하는지에 대한 길고 어려운 상호작용을 통해 구축된 참여의식을 통해 이루어진다. 즉 팀은 그들의 목적과 관련이 있는 사회적 계약을 구성원들 사이에 구축해서, 그것을 근거로 그들이 어떻게 협력해야 하는지를 이끌고 규제한다.

어떠한 집단도 팀으로서의 책임감을 키우지 못하면 팀이 되지 못한다. 상호책임감을 기르는 일은 공동의 목적과 공동의 접근법을 정립하는 일처럼 어려운 과제이다. 가령 '상사가 나한테 책임을 전가한다'와 '우리 자신에게 책임이 있다'와의 사이에는 미묘하고도 중대한 차이가 있다. 첫 번째 태도가 발전하여 두 번째 태도에 이를 수는 있지만, 두 번째 태도 없이는 어떠한 팀도 존재할 수 없다.

휴렛팩커드나 모토로라 같은 기업에는 개인 노력보다 집단 노력을 요구하는 명확한 성과 과제가 있으면 언제나 팀을 '유기적으로' 결성시켜주는 뿌리 깊은 업무수행 윤리(performance ethic)가 있다. 이런 기업 안에서는 상호책임감의 모습을 어디서나 확인할 수 있다. '한 배 타기'라는 말 자체가 그들의 업무 행태를 잘 보여준다.

그 핵심 요소인 팀 책임감은 성공하는 팀의 두 가지 특성인 참여의식과 신뢰감을 보완해주는 자기 자신과 타인에 대한 진지한 약속이다. 우리는 대부분 어떤 팀에 합류할 때, 뿌리 깊은 개인주의와 개인적 경험으로 인해 우리 운명을 다른 사람에게 쉽게 맡기려고 들지 않기 때문에 신중한 태도로 임한다. 그러므로 팀은 이러한 행동을 무시하거나 저버려서는 성공하지 못한다.

팀원들이 서로를 신뢰하는 수준 이상으로 상호책임감을 강요해서는 안 되지만 팀이 공동의 목적, 목표, 접근법을 공유할 때는 그에 상응하여 상호책임감이 저절로 성장한다. 상호책임감은 팀이 성취하고자 하는 것과 그것을 최선으로 이루려고 하는 방법을 이해하면서 투자하게 되는 시간, 에너지, 행동으로부터 나온다.

팀원들이 공동의 목적을 향해 협력할 때 신뢰와 참여의식은 뒤따라온다. 그 결과 강력한 공동 목적과 접근법을 즐기는 팀은 당연히 팀 성과에 대해 개인적으로나 팀으로서 책임감을 키우게 된다. 이런 의미에서 상호책임감은 모든 구성원이 공유하는 공동의 성과라는 값진 결실로 이어진다. 이러한 경험을 해본 성공하는 팀의 구성원들은 그들의 '일반적인' 직무에서는 상상할 수 없는 수준으로 활력과 의욕에 충만하게 되었다는 이야기를 계속 들려주곤 한다.

반면에 많은 기업들이 '품질' 목표를 강조하기는 하되 이를 구체적인 목표로 규정하지 못한 품질분임조(quality circle)를 겪어본 적이 있듯이, 그저 직무 향상, 커뮤니케이션, 조직효율성, 어떤 우수성의 추구를 위해 일차적으로 팀을 결성한 집단은 팀으로서 성공하기 어렵다. 적절한 성과목표를 설정할 수 있어야 팀원들도 그 목적과 그에 대한 접근법에 대해 명료한 논의를 통해 명료한 선택을 할 수 있다. 그래야 팀원들도 팀이 선택한 목표나 방법에 대해 손을 떼거나 아니면 힘차게 달라붙는 식으로 동료들과 연대의식을 키우게 된다.

다음에 소개하는 팀 규율은 모든 팀의 성공에 절대적이다. 팀으로서 출발할 때뿐만 아니라 한걸음 더 발전하는 데에도 매우 유용하다. 대부분의 팀은 세 가지 유형으로 크게 분류된다. 바로 어떤 일을 추천하는 팀, 어떤 일을 실행하는 팀, 어떤 일을 운영하는 팀이다. 우리가 경험한 바에 따르면 팀의 각 유형에는 그에 맞는 고유한 과제가 있다.

어떤 일을 추천하는 팀

이 유형의 팀에는 특정한 문제를 연구하여 해결해야 하는 태스크포스, 프로젝트팀, 감사팀, 품질팀, 안전팀 등이 들어간다. 이런 팀의 특성은 대부분 예정된 완료 시일이 있다는 점이고 다음 두 가지의 고유한 현안을 가진다는 점이다. 첫째, 신속하고 적극적인 출발을 해야 한다는 점. 둘째, 추천 업무의 실제 이행에 필요한 이관 업무를 최종적으로 다루어야 한다는 점이다. 첫 번째 현안은 팀 강령의 명료함과 팀원 구성에 의해 해결된다. 보통 태스크포스팀은 경영자 쪽에서 팀원의 투입이 왜 어떻게 중요한지를 파악한 뒤 어떤 이들을 어느 기간 동안 참여시킬지를 확실하게 결정하면 된다. 경영자 쪽에서 조직 전반에 걸쳐 추진될 업무를 설계하는 데에 필요한 능력과 영향력을 지닌 사람들을 확실하게 투입할 수 있으면 된다. 더 나아가서 열린 자세로 그들을 대하고 정치적 방해물을 처리하여 줌으로써 팀을 도울 수 있다.

이 팀에서 빚어질 수 있는 실수는 추진할 업무를 실제로 실행할 조직에 이관하지 못하는 일이다. 이를 피하려면 추진 업무에 대한 책임감을 그것을 실행할 사람들에게 이관하는 일에 최고경영자가 시간을 들여서 관심을 기울일 필요가 있다. 최고경영자들이 추진 업무만 짜 놓으면 업무 이관은 '저절로 이루어진다.'고 여길수록 실패할 가능성은 높아진다. 또한 태스크포스 구성원들이 추진할 업무에 직접 가담하는 일이 많을수록 성공할 가능성은 높아진다.

 태스크포스 밖에 있는 사람들이 공을 넘겨받기 전부터라도 그들을 해당 업무들에 일찍부터 충분히 그리고 자주 참여시키는 것이 절대 필요하다. 그 형태는 면담에 참여시키기, 분석 작업에 참여시키기, 아이디어 제공하고 비판하기, 실험과 시험 실시하기 등을 포함한 여러 가지를 할 수 있다. 최소한 실행에 책임이 있는 누구에게라도 팀 프로젝트의 목적, 접근법, 목표 등에 대해 정기적인 검토뿐만 아니라 시행 초기 단계에서부터 브리핑을 해주어야 한다.

어떤 일을 실행하는 팀

 이 팀에는 제조, 개발, 총무, 마케팅, 판매, 서비스, 기타 부가가치 사업 활동을 담당하는 일선 근무자들로 이루어진 팀이 들어간다. 신제품 개발팀이나 프로세스 설계팀처럼 예외가 있긴 하지만 어떤 일을 실제로 수행하는 팀은 그 활동이 중단 없이 이어지기 때문에 정해진 시한이 없는 경우가 많다.

 최고경영자는 무엇이 팀 성과에 가장 큰 영향을 미치는지를 판단하면서 제품 서비스의 비용과 가치가 가장 직접적으로 결정되는 조직 내 장소, 즉 기업의 '중대 인도지점(critical delivery points)'을 집중 관리해야 한다. 팀이 중대 인도지점의 업무를 다양한 기술, 시각, 실시간 판단과 결합하여 실행한다면 이러한 팀은 일을 매우 잘하는 팀이라고 할 수 있다.

조직에 이러한 중대 인도지점의 팀이 절실하게 필요할 때는 성과 중심으로 신중하게 조직된 관리 과정이 필요하다. 여기에서 최고경영자의 과제는 팀 자체만을 위한 것이 아니라 조직을 위해 필요한 지원 시스템과 과정을 어떻게 구축하느냐이다.

팀 규율에 대한 초기 논의로 돌아가서, 여기서의 과제는 성과에만 초점을 맞추는 것이다. 경영자가 팀과 성과 사이를 연결시키는 일에 지속적으로 관심을 두지 않으면 조직은 아무런 성과가 없어도 그저 "올해 우리는 '팀'으로 일했어."라는 말을 하게 된다. 최고경영자는 급여 체계나 훈련과 같은 교육 과정을 통해서 도와줄 수도 있지만, 무엇보다도 팀에게 명료한 성과를 요구하고, 그런 다음 팀 규율과 성과물에 모두 관계가 있는 진전 사항에 지속적으로 관심을 기울여야 한다. 이 말은 팀의 구체성과 성과 과제의 구체성에 모두 집중한다는 의미이다. 그렇지 않으면 '성과' 역시도 '팀'이라는 말처럼 진부한 말이 되어버릴 것이다.

어떤 일을 운영하는 팀

많은 리더들이 자신에게 보고하는 그룹을 그저 팀이라고 언급하지만 실제로 그들 중에 팀은 별로 없다. 진정한 팀은 실행 결과에만 거의 집중하기 때문에 스스로를 팀으로 여기는 일도 드물다. 그러나 부서나 기능을 뛰어넘어 기업의 상층부에서 하층부에 이르기까지 그러한 팀이 될 수 있는 기회는 어떤 그룹에나 열려 있다. 수천 명을 관할하건 몇 명을 관할하건, 약간의 사업과 진행 중인 프로젝트, 중대한 기능 활동 등을 감독하고 있는 한, 그 그룹은 어떤 일을 운영하는 팀에 들어간다.

이러한 팀이 직면하는 주요 문제는 팀제 접근법이 이런 그룹에 적합한가이다. 어떤 일을 운영하는 일에는 팀제보다는 실무집단이 더 효과적일 수 있다. 따라서 여기서의 주된 판단 기준은 개개인의 실행의 합이 당면한 성과 과제를 충족시키는지, 또는 공동 작업 산물을 내기 위해 상당 기간 동안 점진적으로 누적 업무를 수행해야 하는지 등이다. 팀제를 선택하면 팀 성과가 높아지는 것은 확실하지만 더 많은 위험 요소도 있으므로 경영자는 어떤 형태의 조직을 택해야 할지에 대해 냉정을 기해야 한다.

팀제를 따르면 구성원들이 자신의 운명을 타인에게 맡기는 일을 감수해야 한다. 팀제를 잘못 시행해서 겪게 되는 대가는 크다. 가장 잘 되는 경우라고 해도 경우, 구성원들이 개개인의 목표로부터 멀어지고, 비용이 혜택보다 커지고, 구성원들이 자신들의 시간과 우선순위에 대해 가해지는 강요에 대해 분개하게 되는 단점이 있다. 가장 안 좋은 경우는 실무집단제를 선택했을 때 발휘될 수 있는 개인의 잠재적 성과들마저 저해되어 그에 대한 불만이 심각하게 커질 수 있다는 점이다.

실무집단은 위험을 초래하는 법이 별로 없다. 성공하는 실무집단은 보통 리더에 의해 구축되는데 그 목적을 고안하는 데 별로 시간을 들일 필요가 없다. 회의도 우선순위가 잘 짜인 아젠다에 의거해 열리고 의사결정도 구체적인 개인 업무와 책무에 의거해 이루어진다. 따라서 각자의 직무를 잘 수행하는 개인들의 열망을 제대로 규합할 수 있다면 애매모호한 팀제보다는 실무집단제가 더 편안하고, 덜 위험하고, 덜 혼동된다. 사실 팀제에 목표 성과라는 측면이 없다면 팀이 되고자 기를 쓰는 일보다 실무집단의 효율성을 향상시키려는 노력이 더 옳다.

이렇게 말하는 이유는 요즘 들어 기업이 폭넓은 행동 변화를 겪으면서 팀의 성과 수준이 점점 많은 기업들에게 중요해져 간다고 믿기 때문이다. 그래서 최고경영자가 어떤 일을 운영하기 위해 팀제를 활용할 때는 반드시 팀의 구체적인 목적과 목표를 확인하도록 만드는 일부터 확실하게 해야 한다.

어떤 일을 운영하는 팀이 부딪히는 두 번째 문제는 전체 조직의 폭넓은 사명과 자신들의 소규모 집단의 구체적인 목적을 자주 혼동한다는 점이다. 그러나 진정한 팀을 형성하려면 자기들 집단에만 특유하고 구체적이며 그 구성원들이 소매를 걷어붙이고 개인적인 성과물을 초월하여 무엇인가를 성취하도록 만드는 팀 목적이 있어야만 한다. 경영자가 전반적인 효율성을 측정하기 위해 운영하는 조직으로서의 경제적 성과만 바라본다면 그 집단은 자체적인 팀 성과목표를 전혀 가질 수 없을 것이다.

운영 팀을 위한 원칙과 팀 규율이 다르지는 않지만 운영 팀은 분명히 가장 어려운 대상이다. 장기적 과제의 복잡성, 집행 시간에 대한 엄중한 요구, 임원들의 뿌리 깊은 개인주의 등이 운영 팀을 약화시키는 방해 세력이다. 동시에 운영 팀은 가장 막강한 팀이기도 한다. 우리는 처음에는 공식적인 조직 구조가 정의한 대로만 팀을 바라보았기 때문에 그러한 팀이 거의 불가능하다고 여겼다. 즉 리더와 그에게 보고하는 모든 부하직원이 바로 팀이라고 보았기 때문이다. 그런데 우리는 이러한 운영 팀이 실제로는 소규모이고 비공식적 성격을 띠는 일이 많다는 사실을 발견했다. 가령 골드만삭스(Goldman Sachs)의 화이트헤드(Whitehead)와 와인버그(Weinberg), HP의 휴렛(Hewlett)과 팩커드(Packard), 폴 코프(Pall Corp)의 크라스노프(Krasnoff), 폴(Pall), 하디(Hardy), 펩시(Pepsi)의 켄덜(Kendal), 피어슨(Pearson), 캘

로웨이(Calloway), 레비 스트로스(Levi Strauss)의 하스(Hass)와 해드(Hadd), 나이트 리더의 배튼(Batten)과 라이더(Ridder) 등에서 볼 수 있듯이, 그들은 대개 2, 3인으로 이루어진 경우가 많았으며 어쩌다 4인인 식이었다.

이렇듯 거대하고 복잡한 조직의 실제 운영 팀은 극히 적은 인원으로 구성되어 있는데도 대기업 상층부에 있는 너무 많은 그룹이 자신들에게 직접적인 보고를 올리는 이들이 다 자기 팀이라고 가정하기 때문에 실제적인 팀 성과를 내지 못한다. 그들은 또한, 팀원의 기술보다는 지위가 그들의 각각의 역할을 결정하며, 팀은 항상 팀으로만 이우러져야 하며, 팀 리더는 실제 업무에 손대지 말아야 한다는 식의 가정을 한다.

이러한 가정들에 이해되는 측면은 있지만 정당한 근거를 가지고 있지는 않다. 이러한 가정들은 우리가 관찰한 상층부 운영 팀에는 적용되지 않기 때문에 팀 규율을 적용할 수 있는 더욱 현실적이고 유연한 가정으로 대체하면 상층부의 운영 팀에도 실제로 팀 성과는 일어난다. 더욱더 많은 기업들이 조직 전반에 걸친 핵심 변화들을 주로 운영할 필요를 느끼게 될수록 상층부의 운영 팀들이 더욱 현실적으로 많이 등장하게 될 것이다.

팀은 고성과 조직의 핵심적 단위이다

우리는 높은 성과를 올리는 조직의 핵심적 단위는 팀이라고 믿는다. 그렇다고 팀이 개인적인 기회나 공식적 위계질서나 과정을 와해시킨다는 의미는 아니다. 오히려 팀은 그런 일을 피하게 해주면서 동시에 기존의 조직 구조를 향상시켜줄 것이다. 팀은 조직의 최적의 성과물을 내는 데에 필요한 기술이나 견해를 가로막는 수직적, 조직적 경계가 존재하는 어디에서건 결성될 수 있다. 따라서 신제품개발팀은 팀 안의 전반적인 기능적 편견을 근절하면서 기능적인 우수성을 계속 유지해가면 혁신적인 성과를 낼 수 있다. 일선 팀들은 자체적으로 운영되는 팀들로부터 에너지와 유연성을 끌어오면서 조직 전반의 방향성, 지침과 쾌를 같이 하면 생산성이 높아질 것이다.

우리는 모든 기업이 점점 구체적인 성과 과제에 직면하게 된다는 확신을 갖게 되었다. 이런 관점에서도 팀제야말로 최고경영진의 의지에 맞는 가장 실용적이고도 강력한 도구가 될 것으로 보인다. 따라서 임원들의 중대한 역할은 기업 성과와 그것을 수행하는 팀의 유형에 관심을 쏟는 것이다. 즉 최고경영자가 어떤 성과를 낼 수 있는지에 대한 팀의 고유한 잠재력을 인식하고, 팀이 그 직무에 가장 좋은 도구가 될 수 있도록 전략적으로 배치하고, 팀을 효율적으로 만들어줄 팀 규율을 정립해야만 한다는 의미이다. 그렇게 해야만 최고경영자는 개인적 성과와 조직적 성과는 물론 팀제 조직이 운영될 수 있는 환경을 만들 수 있을 것이다.

:: 팀 성과 구축하기

팀이 성과를 올리는 데에 보증된 처방은 없지만 우리는 많은 성공하는 팀에서 공통적으로 다음과 같은 접근법들을 관찰해냈다.

1. 긴급성, 당면한 성과표준, 방향성을 세운다
팀원들은 팀이 결성되면 거기에 긴급하고 주요한 목적이 있다고 믿기에, 그 기대치가 무엇인지를 알고 싶어 한다. 실제로 그 이론적 근거가 더 긴급하고 어떤 의미를 띨수록 팀 성과의 잠재력을 달성시킬 가능성은 높아진다. 마치 고객서비스팀의 개선 없이는 전체 기업의 성장이 불가능하다는 말을 들은 고객서비스팀의 경우처럼 말이다. 팀은 주목하지 않을 수 없는 강력한 분위기 속에서 최고의 업무 효율을 낼 수 있다. 이는 강력한 성과윤리를 지닌 기업들이 보통 팀을 결성하려고 하는 이유와 상통한다.

2. 품성이 아닌 능력과 기술 잠재력으로 팀원을 뽑는다
팀의 목적과 성과목표를 달성하는 데에 필요한 능력 없이는 팀은 성공하지 못한다. 그런데 대부분의 팀은 일단 팀부터 결성되고 난 다음에 능력은 대충 조달해 나가면 된다고 여긴다. 현명한 관리자라면 기존의 능력을 지닌 인력과 더불어 기존 기술을 향상시키고 새로운 기술을 배울 잠재력이 있는 인력을 모두 선발할 것이다.

3. 첫 번째 회의의 분위기와 행동에 특별한 관심을 기울인다
첫인상은 언제나 대단히 많은 것을 전달해준다. 예비 팀들은 처음 모이는 자리에서 다른 이들이 보내는 신호들을 관찰한 뒤 자기들 마음속에 품고 있는 가정과 염려를 확정하거나 유보하거나 몰아낸다. 특히 팀 리더나 팀을 결성하고 감독하거나 그에 영향을 주는 임원과 같은 권위자들에게 관심을 기울인다. 그러한 리더들의 행동 하나하나는 그들의 말보다 훨씬 중요하다. 고위급 임원이 새로운 프로젝트를 위해 회의가 시작된 지 10분 만에 전화를 받는다고 킥오프 미팅(kick off meeting, KOM)에서 자리를 뜬다면 그게 무슨 의미인지 알 수 있을 것이다.

4. 명확한 행동 규칙을 세운다

성공하는 팀은 초반부터 팀의 목적과 성과목표에 도움이 될 행동 규칙을 세워놓는다. 가장 기본적인 규칙은 예를 들자면 다음과 같다. 출석(전화를 받기 위해 회의를 방해하지 말 것), 회의(신성불가침의 원리는 없음), 대외비(합의한 사항만이 공표될 수 있음), 분석적 접근(팩트를 중시할 것), 최종 성과물 중심(모두가 실제 과제 수행에 참여한다), 건설적인 대면(서로에게 손가락질 하지 않기), 그리고 종종 가장 중요한 사항으로 공헌도(모두가 진짜 일을 한다)에 관한 것을 들 수 있다.

5. 성과 지향의 시급한 임무 및 목표를 설정하여 그것에 매달린다

성공하는 팀들은 핵심적인 성과 중심 사건들을 처리하기 위해 나아간다. 초기에 도달할 수 있는 몇 가지 도전적 목표를 시급하게 구축해 놓으면 그러한 사건들을 실행에 옮길 수 있다. 성과 결과물이 없으면 팀으로서 나아갈 길이 없어지므로 그러한 결과물이 더 빨리 나올수록 팀은 더 빨리 응집력이 생긴다.

6. 신선한 팩트와 정보를 가지고 정기적으로 문제를 제기한다

새로운 정보를 수혈받으면 팀은 성과 과제를 재정의하면서 그에 대한 이해도를 넓힐 수 있다. 따라서 이를 통해 팀이 공동의 목표를 설계하고, 확실한 목표를 설정하면서, 공동의 접근법을 개선할 수 있다. 가령 공장품질개선팀이 여러 가지 결함의 유형을 조사하여 각각의 결함에 가격을 매겨서 다음 행동 방향을 가늠하게 되기 전까지는 엉터리 품질의 비용이 높다는 사실을 모를 수 있다. 역으로 팀이 공동의 경험과 지식 속에서만 모든 필요한 정보가 나온다고 가정했을 때는 오류에 빠질 수 있다.

7. 많은 시간을 함께 보낸다

상식적으로 봤을 때, 일정에 있건 없건 팀이 결성되는 초반에는 구성원들끼리 많은 시간을 함께 보낼 것임을 알 수 있다. 그러나 프로젝트가 진행되는 중간에도 개인적인 유대감을 쌓기 위해서일뿐만 아니라 창조적인 통찰력을 얻기 위해서도 자료를 분석하고 고객을 면담하는 식의 즉각적이고 일상적인 상호 교류가 계속 필요하다. 임원과 관리자들은 바쁘면 함께 보낼 시간을 의도적으로 축소하는 경향이 있다. 그러나 우리가 관찰한 성공하는 팀들은 모두가 팀이 되는 법을 배울 시간을 스스로에게 할애했다. 그렇다고 이 시간이 언제나 물리적인 의미를 띠지는 않는다. 인터넷, 팩스, 전화 등을 통해 함께 보내는 시간 역시 마찬가지로 중요하다.

8. 긍정적인 피드백, 인정, 보상의 힘을 이용한다

긍정적인 피드백은 팀제 환경에서도 역시 빠뜨릴 수 없는 좋은 보상책이다. 구성원들에게 '별표 다섯 개'를 주면 그들은 팀 성과를 높이기 위한 개선 행동을 하려고 노력한다. 가령 숫기가 없는 사람이 자기 의견을 발표하여 팀에 어떤 기여를 하려고 시도했을 때 그들에게 계속 발언할 기회를 주고 용기를 북돋아주면 지속적으로 긍정적인 기여를 하는 것을 볼 수 있다. 고위 임원에게 팀 사명의 긴급성에 대해 팀에게 직접적으로 말하도록 만드는 방법에서부터 팀원의 기여도를 인정하기 위해 포상하는 방법에 이르기까지, 팀 성과를 인정하는 보상책에는 직접적인 보상을 뛰어넘어 여러 가지 방법이 있다. 그러나 결국 가장 소중한 보상은 자신의 팀이 이룬 성과에 대해 만족감을 나누는 것이 될 것이다.

2

팀 내의 집단감성을 긍정으로 이끌어라

바네사 어치 드러스캣
Vanessa Urch Druskat

스티븐 울프
Steven B. Wolff

지금은 직장에서 성공하려면 높은 감성지능(Emotional Intelligence, EI)을 갖추어야 한다는 사실을 누구나 알고 있다. 그런데 팀에도 감성지능이 필요하다는 사실은 잘 모르고 있는 것 같다.

바네사와 스티븐은 IDEO, 휴렛팩커드, 헤이 그룹(Hay Group)과 같은 기업의 예를 들어 성공하는 팀의 중심에는 높은 감성지능이 존재한다는 사실을 보여준다. 이 팀들의 특징은 팀 안팎의 관계를 잘 구축하여 팀원들이 과제에 직면하는 능력을 강화시켜주려고 노력한다는 것이다.

집단이 높은 감성지능을 갖춘다는 말은 감성지능을 갖춘 구성원 개개인을 한데 모으는 식으로 단순하게 들릴지도 모른다. 그러나 실은 그렇지 않다. 팀이 높은 감성지능을 갖춘다는 것은 구성원들 간의 상호신뢰감, 집단정체성, 집단효율성을 키워줄 규범을 만든다는 말이다. 팀에 진정한 협조와 협력의 기반을 갖추어줄 이 세 가지 요건은 팀 효율성을 높이기 위해 반드시 필요하다.

집단 감성지능의 구축은 조직 내에서 악의 무리를 척결하려는 식의 집단감정의 동요를 다루는 문제가 아니라 집단의 긍정적인 감성을 일부러 표출시켜서 그것이 팀의 작업에 좋은 영향을 미치도록 조성하는 일이다. 집단 감성지능의 구축은 팀의 중심에 어떤 감성들이 존재하는지를 연구하여 그것을 수용하는 것, 그리고 궁극적으로는 그것에 의지하여 팀 성과를 높이는 일이다.

우리는 집단감성을 효과적으로 구축하는 방법으로서 감성 교류의 3단계를 살펴보았다. 이와 더불어 우리가 탐구한 규범은 집단이 감성적으로 생산적이고 현명하게 조화를 이루도록 해준다. 감성지능이 높은 구성원들로 구성된 집단에는 이러한 규범들이 적절하게 갖추어져 있지만 우리가 설명해놓은 모든 규범을 무의식적으로 개발해놓은 집단은 전혀 없는 것 같다. 즉 집단 감성지능 모델은 의도적으로 적용함으로써 혜택을 볼 수 있는 성격을 띠는 것이다.

팀 내의 집단감성을 긍정으로 이끌어라

집단 감성지능은 개인 감성지능과 다르지 않다

　1990년대 경영자들이 처음 감성지능이라는 개념을 접했을 때 그들의 눈에서는 비늘이 벗겨졌다. 조직의 효율성이 IQ뿐만이 아니라 EQ와도 상관이 있다는 그 기본 메시지는 경영자들을 감화시켰다. 모두들 직감적으로는 알고 있었지만 그간 명확하게 밝혀지지 않았던 사실이었다. 가장 중요한 사실은 그 아이디어가 긍정적인 변화를 몰고 올 잠재력을 지녔다는 점이었다. 사람들은 이제 감성에 지배되는 대신 자신의 감성지능을 높여서 일과 삶에서 성공하려고 노력하기 시작했다.
　감성지능의 개념은 실로 큰 반향을 일으켰다. 다만 유일한 문제가 하나 있었는데 이제까지 감성지능이 개인적 역량으로만 비춰진 데 반해 현실적인 조직은 대부분 팀에 의해 업무가 추진된다는 점이었다. 그리고 오늘날 경영자들의 절대적인 과제는 팀의 효율성을 높이는 방법을 찾아내는 것이다. 집단 감성지능이 개인 감성지능과 다르지 않으며 팀의 효율성에 절대적으로 중요하다는 사실은 정말 흥분되는 일이었다. 그래서 우리는 연구를 통해 훌륭한 감성지능을 개발하여 팀의 전반적인 성과를 높일 수 있다는 사실을 밝혀냈다.

팀은 감성지능을 왜 키워야 하는가

팀의 효율성을 높이는 일의 중요성을 반박하려드는 이는 아마 없을 것이다. 그런데 그 방면의 대부분의 연구는 훌륭한 팀을 차별화시키는 임무 수행 과정을 확인하는 일에만 그쳐 왔다. 즉 팀의 목표를 이루기 위한 구성원들의 협조, 참여, 사명감을 끌어내는 방법을 구체적으로 밝히는 식이었다. 여기에 깔려 있는 가정은 이러한 과정을 일단 확인해두면 다른 팀들이 쉽게 모방하여 비슷한 효과를 낼 수 있다는 것이다. 그러나 실은 그렇지 않다. 이런 이야기에 빗댈 수 있다. 피아노를 배우는 학생이 G선상의 아리아 연주법을 훌륭하게 배울 수는 있다. 그러나 기본적인 음악 이론을 모르고 가슴으로 연주하는 법을 모른다면 현대의 바흐가 될 수는 없을 것이다. 이런 이치와 같이 훌륭한 팀을 성공으로 이끄는 진짜 요인은 효과적인 임무 수행 과정이 발현되게 만들고 구성원이 진심으로 그 과정에 참여하도록 만드는 근본적인 환경일 것이다.

연구를 통해 우리는, 팀의 효율성을 높이려면 세 가지 환경이 절대적으로 조성되어야 한다는 사실을 알게 되었다. 바로 구성원들 간의 상호신뢰감, 집단정체성, 집단효율성이 그것이다. 비록 이러한 조건이 갖춰지지 않았다 해도 구성원 간에 협조와 참여를 이끌어 업무를 추진할 수는 있었다. 그러나 그럴 경우 구성원들이 완전하게 참여하지 않고 어정쩡한 태도로 임했기 때문에 팀 효율성을 제대로 발휘시킬 수 없었다. 팀 효율성을 최대로 발현시키기 위해서는 상호신뢰감, 집단정체성, 집단효율성을 키워줄 집단 감성지능의 규범(결국엔 습관이 될 태도나 행동)을 만들어내야 했다. 그리고 그 결과는 구성원들의 완전한 과업 참여로 이어졌다(감성지능이 팀 효율성에 미치는 영향에 대해서는 표 2-1 '팀 효율성 모델' 참조).

감성 교류의 세 가지 수준

감성지능이 높은 구성원으로 이루어진 팀이 반드시 감성지능이 높은 집단이 된다고 착각하면 안 된다. 다른 사회집단처럼 팀에도 자체적인 특성이 있다. 그래서 상호신뢰감, 집단정체성, 집단효율성의 자기 강화성을 발현시키는 일에는 감성지능적 행동을 할 수 있는 구성원이 다수 필요하다. 그것은 그 안의 규범을 통해 감성 능력(감성적으로 불편한 상황에서 건설적으로 반응하는 능력)이 키워져서 건설적으로 감성의 영향을 받는 팀 분위기를 말한다.

팀 감성지능은 팀이 다층적인 수준으로 감성 교류(emotional interaction)를 하기 때문에 개인감성지능보다 더 복잡하다. 그 차이를 이해하기 위해 다니엘 골먼(Daniel Goleman)이 정의해 놓은 개인 감성지능의 개념을 우선 들여다보자. 골먼은 자신의 권위 있는 저서 『감성지능』에서 높은 감성지능의 소유자가 지닌 주요 특성을 이렇게 설명했다.

"감성 지능이 높은 자는 감성의 존재를 인식하며 그것을 조절하는 능력이 있다. 이 인식과 조절은 내면적으로는 자신의 자아를 향하고 외면적으로는 타인을 향한다."

표 2-1 팀 효율성 모델

거듭된 연구를 통해 우리는 팀원의 높은 수준의 참여, 협조, 협동이 이루어져야만 팀이 창조적인 생산성을 높일 수 있다는 사실을 밝혀냈다. 그러나 이러한 상호 교류 행동은 규범으로 만들기 힘들다. 그러나 우리는 집단 안에 세 가지 기본 조건이 갖추어지면 그러한 행동이 일어날 수 있다는 사실을 밝혀냈다. 바로 구성원 간의 상호신뢰감, 집단정체성(자신이 가치 있는 고유한 집단에 소속되어 있다는 구성원 간의 기분), 집단효율성(팀의 일이 잘 되고 있고 구성원들이 따로 떨어져 있을 때보다 함께 일할 때 더 효율적이라는 신념), 이 세 가지 조건의 중심에 감성이 있다. 상호신뢰감, 집단정체성, 집단효율성은 집단 감성을 잘 조절하여 집단 감성지능을 구축할 수 있는 환경에서 일어난다.

집단 감성지능의 구축은 구성원들 사이에 악을 척결하려는 감정이 들끓을 때 그것을 억누르는 문제가 아니다. 그것과는 전혀 다르다. 감성을 일부러 표면화시켜서 그것이 팀의 과업에 어떤 영향을 미치는가를 파악하여 활용하는 일이며, 팀 안팎으로 관계를 구축해서 팀이 변화에 대처하는 능력을 강화하게끔 행동하도록 이끄는 일이다. 그리고 진정으로 인간적인 성격을 띨 수 있도록 일의 감성을 탐구하고 수용하여 결국은 그것에 의존하는 것을 의미한다.

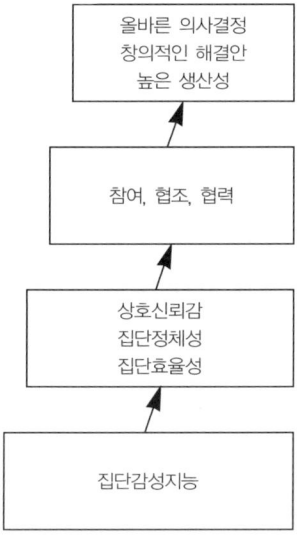

골먼에 의하면 '개인적 역량'은 자신의 감성을 인식하고 조절하는 데서 나온다. 그리고 '사회적 역량'은 타인의 감성을 인식하고 조절하는 데서 나온다.

그러나 집단은 또 다른 수준의 감성에 대한 인식과 조절에도 마음을 써야 한다. 집단은 첫째 내부 구성원들의 감성, 둘째 내부적인 집단감성, 셋째 외부 집단과 개인의 감성도 염두에 두어야 한다.

우리는 이 세 가지 수준에서 감성 능력이 어떻게 기능 장애를 유발할 수 있는지를 연구했다. 각 수준에서 감성을 어떻게 인식하고 조절하여 특별한 집단 규범을 구축할 수 있는지, 그리고 그것이 어떻게 더 낮은 성과에 이를 수 있는지도 보여줄 것이다. 우선 개인적 수준에 초점을 맞출 것이다. 즉 감성지능 집단이 어떻게 하면 개인 구성원들의 감성과 조화를 이룰 수 있는지를 다룰 것이다. 그 다음에는 그것을 내부적인 집단 수준에 초점을 맞추고, 마지막으로는 집단 외부의 수준에 맞출 것이다.

개인 감성 인식하기

회사 고객 서비스부 부장 질 카스퍼(Jill Kasper)가 고객만족을 높이는 일에 주력할 새로운 다기능팀(Cross Functional Team)에 합류하도록 차출된 것은 당연했다. 그녀는 고객 서비스 분야에 폭넓은 경험을 쌓아왔고 진정한 열정을 품고 있었기 때문이다. 그러나 팀 동료들은 그녀가 회의 시간에 보여주는 매너가 형편없다는 것을 알게 되었다. 첫 브레인스토밍 회의 때, 질은 팔짱을 끼고 잠자코 앉아서 눈동자만 굴리는 게 아닌가! 팀의 아이디어가 활발하게 전개되어 갈 때도 과거에 실패로 끝난 유사한 일을 들먹이며 찬물을 끼얹기까지했다. 팀은 혼란스러웠다. 질이 과연 그동안 들어왔던 고객서비스부의 스타란 말인가? 그러나 다기능팀이 꾸려졌다는 사실 때문에 질이 자존심에 상처를 입고 있다는 사실을 팀 동료들은 전혀 알아채지 못하고 있었다. 그녀에게 다기능팀은 자신이 고객서비스

부에서 업무를 잘 처리하지 못했다는 것을 의미할 뿐이었다.

한 구성원이 나머지 구성원과 같은 감성 주파수를 갖고 있지 않으면 팀은 그 개인을 상대로 감성지능을 높일 필요가 있다. 이것은 그저 그 사람의 문제를 인식해주는 정도이면 된다. 이 집단 안에 사람과 사람 간의 이해를 독려하는 규범이 마련되어 있었다면 질의 방어적인 행동이 쉽게 이해될 수 있었을지도 모른다. 이러한 방어 태도를 감지해야 다기능팀이 꾸려진 이유가 그녀의 훌륭한 업적을 부정하기 위해서가 아니고 그 업적을 더 확대시키기 위해서라는 점을 그녀에게 이해시킬 수 있다.

어떤 팀은 이런 일을 자연스럽게 잘 하는 능력이 있다. 가령 휴렛팩커드에는 구성원들을 교차 훈련시키는 팀이 존재했다. 각 구성원이 다른 이들의 업무를 대신할 수 있는 능력이 있으면 그 팀은 각별한 주의가 요구되는 어떤 과업에 대해서건 잘 대처할 수 있을 것이라 생각하였다. 그런데 직원 하나가 새로운 기술과 임무를 배우기를 꺼려하는 태도를 보였다. 그는 자기 직무에서는 완벽한 능력을 자랑했는데 새 일을 배우자니 자신의 부족한 점을 참을 수 없어했다.

다행히도 팀 동료는 그의 마음을 알아차려서 짜증을 내는 대신 그를 더 열심히 도와주었다. 이 팀에는 대인 간의 이해를 강조하는 집단 규범이 오랜 시간에 걸친 노력 끝에 수립되어 있었기 때문에 그 혜택을 본 것이었다. 그 규범은 다른 사람의 감정과 걱정을 정확하게 듣고 이해하려고 노력하는 것이 구성원의 사기를 진작시켜서 적극적인 협조를 이끌어낼 수 있다는 사실을 팀이 인식할 수 있게 해주었다.

많은 팀이 개인 구성원의 시각에서 업무를 고려하는 노력을 통해 높은 감성지능을 구축한다. 4인으로 구성된 팀이 어떤 의사결정에 도달해야 하는 상황을 한번 생각해보자. 세 사람은 이 방향을 좋아하는데 한 사람은 다른 방향을 좋아한다면 어떻게 될까? 편의주의 원칙에 의해 대부분의 팀들이 다수결 원칙으로 바로 움직일 것이다. 그러나 감성지능적인 집단이라면 일단 멈추고서 반대 의견에 귀를 기울일 것이다. 또한 겉보기에 만장일치가 이루어진 의사결정에 대해서도 모두가 완벽하게 지지했는지를 다시금 확인할 것이다. "아직 발표하지 못한 견해나 의사결정 내용 중 부족하다고 생각되는 부분이 있으면 말씀해주십시오."와 같은 질문을 통해서 말이다.

원근법적 접근 방식은 팀워크 전문가들이 자주 논의하는 팀 행동이지만 팀을 감성적 견지에서 바라본 것은 아니다. 많은 팀이 의사결정을 내리거나 문제를 해결할 때 원근법적인 접근을 하도록 훈련 받는다(잘 쓰이는 도구로 친화도affinity diagram 분석기법이 있다). 그러나 이 기술은 집단 감성지능을 향상시킬 수도 그렇지 않을 수도 있다.

문제는 이 기술이 기계적인 방식으로 견해를 모아 취합함으로써 그 과정에서 의식적으로 감성을 제거하려고 한다는 것이다. 원근법적인 접근을 더 효율적으로 활용할 수 있는 방법은 팀원들이 서로가 서로의 견해를 파악하기 위해 노력하고 있다는 사실을 서로에게 알리는 것이다. 그런 식으로 하면 팀원들 간에 신뢰감이 다져져서 더욱 많은 참여로 이어질 수 있다.

컨설팅 기업 헤이그룹의 임원 팀은 우리가 설명하고 있는 발전된 원근법적 방식을 활용하고 있다. 그 팀은 다른 이의 의견과 교감 스타일을 받아들이도록 만드는 역할 훈련을 실시해왔다. 또한 각 구성원이 자신의 아이디어를 보여주는 조그마한 포스터를 제작하는 '스토리보딩' 기술을 사용해왔다. 이런 방법들은 다른 사람 앞에서 자기 아이디어를 서약

하게 만들어 줌으로써 집단 안에 구성원들 간의 신뢰감이 높아지도록 이끌었다.

개인 감성 조절하기

사람 사이의 이해와 원근법적 접근은 집단이 구성원들의 생각과 감정을 더 잘 알 수 있게 해주는 두 가지 방법이다. 그러나 인식만큼 중요한 것은 그러한 감성을 조절하는 능력이다. 즉 그것을 잘 표현하여 개별 팀원의 감정에 긍정적인 영향을 미치는 능력을 말한다. 우리는 여기서 집단사고의 구축이나 어떤 다른 형태의 분위기 조성을 말하고 있는 것이 아니다. 그 목표는 분명히, 팀의 결속력과 구성원의 개성 사이에 균형을 맞추는 것이다. 우리는 사람들이 주위 사람들의 감정적 단서를 감지한다는 사실을 쉽게 인정한다. 동료가 털을 만지작거리든지 부채질을 한다하든지 하는 처음에는 황당하게 보이는 행동도 그렇게 나쁘게 보지 않을 수 있다. 팀원의 감성을 조절하는 가장 건설적인 방법은 대면과 배려에 집단 규범을 세워놓는 것이다.

감성지능이 높은 집단에 대면에 대한 규범을 세운다는 표현이 비논리적으로 보일지 모르지만, 그렇지 않다. 어쩌다보면 팀원들이 선을 넘어서는 행동을 할 수 있고 그때 팀은 스스럼없이 파울을 선언할 수 있어야 하니까 말이다. 우리의 연구 대상이던 제조팀의 한 구성원은 자신이 쉬는 시간을 이기적으로 너무 오래 가져서 팀원들로부터 들었던 말을 전해주었다. 어느날 팀 동료가 휴게실로 들어와서는 말하기를, "여기서 뭐하고 있는 거야? 빨리 내려와, 팀에 네가 없으면 안 되잖아!"라고 했다는 것이다. 그 여성은 행동의 선을 넘어서 팀에게 불려나갔다. 그러나 감정이 상하진 않았는데 팀이 그녀의 업무 참여를 귀중하게 생각한다는 사실을 알았기 때문이다.

잘못된 행동을 지적할 때 유머를 활용하는 팀들도 있다. 가령 회의에 습관적으로 늦는 이를 농담으로 놀려줌으로써 시간을 지키는 일이 집단에 얼마나 중요한가를 일깨워줄 수 있다. 이런 식으로 잘 활용하면 대면도 긍정적인 효과를 낳는다. 팀이 "빨리 네 업무로 돌아와. 네가 필요하단 말야."라고 말하는 식으로 말이다. 이런 분위기의 조성은 팀이 장기적 과제를 놓고 서로 협력해야만 할 때 특히 중요하다. 팀 내에 대면이 없으면 분열적인 행동이 자꾸 곪아서 팀의 신뢰감을 저해할 수 있다.

상대를 배려하는 행동의 규범을 세우는 일은 별로 어렵지 않다. 보통 작은 일에 정성을 쏟는 일이면 충분하다. 가령 어떤 직원이 화가 나 있을 때 구성원들이 그의 감정을 공감해주는 것이다. 이 하나의 행동이 모든 것을 바꾸어놓을 수 있다. 회의 시간과 장소가 자신에게 불편하게 바뀌어서 씩씩거리며 회의실에 도착한 팀원이 있었다. 그때 한 팀원이 여기까지 오느라 고생했으니 감사하다고 크게 말하자 그의 태도가 갑자기 180도로 바뀌었다. 남을 배려하는 규범에는 지원, 정당함 인정, 동정의 행동을 통해 구성원들에 대해 긍정적인 배려, 감사, 존경심을 표현하는 일이 들어간다.

개인에 대한 이해, 원근법적인 접근, 대면, 남에 대한 배려, 이러한 규범이 구성원들 간에 상호신뢰감과 집단정체성을 키워준다. 그리고 이런 규범은 팀 안에서 자발적으로 일어나지 않으므로 노력을 통해 키워져야 한다. "그 모든 노력이 정말로 가치가 있을까요?"라고 물을지도 모르겠다. 몇몇 모난 사람들의 편의를 위해 새로운 규범을 만드느라 관리 시간을 들이는 것이 합리적인가라고 반문할 수도 있다. 물론 가치 있는 일이다. 팀은 조직의 토대를 형성해주므로 상호신뢰감과 목표에 대한 공동의 사명감 없이는 효과적으로 굴러갈 수 없기 때문이다.

집단 감성 인식하기

크리스는 믿을 수 없는 일을 겪고서 타부서로 전보시켜 달라고 인사부에 요청했다. 그의 팀은 업무를 훌륭하게 처리했고 예산도 잘 맞추었고 마감일도 제때 잘 지켰다. 언제나 최상의 수준은 아니었지만 말이다. 하지만 리더인 스탄 에반스는 승진이 되었는데 자기만 주저앉은 것이다. 이제 더 이상 팀에 남아 있을 이유가 없어졌다. 많은 업적을 이루었으므로 지난 번 주요 상황점검회의 때 샴페인 파티도 열었어야만 했다. 그런데 알고 보니 아무것도 아니었던 느닷없는 업무 차질 때문에 모두가 맥이 빠져버렸다. 집단 안에는 불평의 분위기가 감돌았고, 리더 스탄의 승진마저 부정적인 시각으로 바라보기 시작했다. "경영진은 우리를 제대로 모르는 거야." "스탄을 데려간 부서장이 우리 팀을 후원하지 않는다고 하더군." 정작 크리스의 실적을 기뻐해준 친구는 다른 팀이었다. 부서 일이 본질적으로 신나는 일은 아니었지만, 함께 일할 때는 재미있게 했으면서도 말이다.

이렇게 집단 수준의 감성을 인식하지 못해서 고생을 하는 팀들이 있다. 가령 크리스 팀은 자신들이 무엇을 성취했는지를 인식하지 못했기 때문에 침체되고 있다는 사실을 모르고 있다. 훌륭한 팀에 대한 연구에서, 우리는 집단이 감정 상태, 장단점, 상호 교류 양상, 임무 프로세스 등에 대해 스스로 평가하여 규범을 세워놓는 것이 집단효율성을 높여주는 집단 감성지능의 중대한 부분이라는 사실을 발견했다. 팀은 자신의 평가나 타인의 피드백을 통해 이를 이룰 수 있다.

자기평가는 공식 행사나 지속 활동의 형태를 띨 수 있다. 셔윈 윌리엄스(Sherwin Williams)의 한 관리자 집단은 높은 수준의 팀워크를 요구하게 될 새로운 프로젝트를 시작하고 있었다. 그들은 컨설턴트를 고용하긴 했지만 컨설턴트가 오기 전에 스스로 자신들의 장단점을 평가하기 위해 회의를 가졌다. 이런 문제를 정확히 밝히는 것이 자신들의 역량 구축을 위한 첫걸음이라는 사실을 안 것이다.

덜 공식적인 형태이나마 집단감성의 자기평가 능력을 높이는 방법을 우리는 미국 제대군인 의료처 리더십 개발 센터(Veterans Health Administration's Center for Leadership and Development)의 활동에서 보았다. 그곳 관리자들은 집단이 비생산적이라고 느끼면 의견을 내도록 하는 규범을 마련해놓았다. 가령 점심 휴식시간에 사람들이 축 늘어져 있다면 이런 발언을 할 수도 있다. "우리 지금 직장에서 짤리기라도 한 거야?"라고. 그러면 집단은 그 말에 자극을 받아서 분위기를 활기 있게 만들려고 노력한다.

감성 역량이 있는 팀은 우물 안 개구리가 되는 일도 없다. 그들은 정보를 구하기 힘든 상황에서도 외부로부터 임무 프로세스, 진행 과정, 과업에 관해 적극적으로 의견을 구하는 감성적 능력이 있다. 고객으로부터 피드백을 직접 구하는 이들도 있다. 회사 내 동료, 공급업자, 전문적인 동료에게서 의견을 구하는 이들도 있다.

우리가 연구한 한 디자이너 집단은 자신들의 프로젝트 진행 상황을 건물 외벽에 일상적으로 게시하고는 거기에 의견과 비평을 써달라고 다른 이들에게 요청한다. 이와 유사하게 많은 광고 에이전시들이 연례 산업박

람회를 자신들의 창조적인 팀 작업에 관한 피드백을 얻을 귀중한 기회로 여긴다.

집단 감성 조절하기

많은 팀이 팀 정신을 세우려고 의식적으로 노력을 기울인다. 팀 구축 야유회는 순수한 친목 모임이든 아웃워드 바운드 스타일의 야외 활동이든 집단 열정을 키우기 위해 흔히 쓰이는 방법이다. 이런 행사에 임할 때 팀과 리더는 팀의 전반적인 태도를 개선할 수 있다고 믿는다. 즉 그들은 집단 수준의 감성을 조절하고 있는 것이다. 팀 구축 훈련이 집단의 실제 업무와 연관성이 없어지면 없어질수록 그 목적은 더욱 잘 이루어진다. 야유회를 마친 팀은 높은 감성 역량을 키우게 되어 그 결과 감성적 과제에 더 잘 대응할 수 있는 능력을 품고 집에 돌아간다.

우리가 연구한 성공한 팀들 중에는 이따금 '암벽타기' 등반을 하는 이들도 있었다. 그들은 팀이 일상적으로 부딪히는 감성적 과제에 효과적으로 대응하는 규범도 세워놓았다. 그들의 규범은 세 가지 중요한 일을 완수해주었다. 첫째, 감성을 다룰 자원을 제공하고 둘째, 안정된 환경을 만들어주었으며 셋째, 미리 대처하는 문제해결을 독려해주었다.

팀에는 구성원들이 집단 감성을 다루기 위해 의존할 자원이 필요하다. 한 가지 중요한 자원은 공통의 어휘이다. 가령 제대군인 의료처(Veterans Health Administration)의 구성원들은 동료가 기분이 나빠 보이면 그가 오늘 단지 '괴팍해(cranky)'라고만 표현한다. '괴팍하다'라는 용어는 누군가의 나쁜 감정 상태가 집단에 안 좋은 영향을 주고 있다는 그 집단의 완곡한 표현이다. 또 다른 것으로는 좌절감을 분출해주는 어떤 의례적 형식이 있다. 우리가 면담한 한 중역팀 리더는 팀에 '통곡의 시간'(어떤 좌절에 대해 몇 분 동안 징징거리고 꿍꿍대는 것)이 있다고 말해주었다. 그러한 부정적인 감정을 분출하고 인정하면 집단이 통제할 수 있는 상황에 다시 관심을 집중할 수 있어서 에너지를 긍정적 방향으로 되돌릴 수 있다는 것이다. 이따금 이러한 분출 행위는 말 이상의 형태를 띠기도 한다. 우리는 전쟁게임에서 써본 것 같은 장난감총이 갖추어진 즐거운 일터도 본 적이 있다.

아마 팀 수준의 감성을 조절함으로써 감성 역량을 키우는 가장 확실한 방법은 그저 안정적인 환경을 조성하는 것일지도 모른다. 모두가 어떤 도전에 직면하면 '할 수 있다'의 자세로 대응하는 것이다. 이런 자세는 올바른 집단 규범을 갖는 문제이다. 즉 낙천주의를 좋아하고 부정적 일에 대해서도 긍정적으로 접근하는 규범을 말한다. 우리는 헤이그룹의 한 임원을 면담한 적이 있는데 이런 분위기 역시 팀에서 저절로 조성되는 것은 아니라고 한다. 그는 외부 환경이 집단 안에 부정적 감정의 악순환을 가져오면 분위기를 바꾸기 위해 노력한다고 했다. 불평하고 비난하는 분위기를 의식적으로 불식시키고 그대신 긍정적인 마인드의 건설적 분위기로 전환하려고 노력한다는 것이다.

감성적 난관을 해결하는 집단 능력을 키워주는 가장 강력한 규범 중 하나는 사전에 문제해결을 강조하는 태도이다. 우리는 AMP에서 관찰한 제조팀에서 이런 일이 많이 진행되고 있는 것을 보았다. 이 팀은 목표 달성에 필요한 작업들이 엄격한 통제를 벗어난 게 많았다. 그러나 팀은 좌절하거나 직원을 탓하지 않고 다른 이들의 협조를 구하기 위해 열심히 노력했고 어떤 때에는 자신들이 직접 뛰어들기까지 했다.

한 가지 예를 들면 핵심 기계에서 발행한 얼라인먼트 문제가 불량품을 만들어내고 있었다. 그러자 팀은 문제를 파헤쳐서 자체적으로 디자인을 개발한 뒤 엔지니어링 집단에 넘겨주었다. 그러자 기계는 잘 돌아가게 되었고 불량품의 수는 현저하게 줄어들었다.

이런 종류의 문제해결은 여러 가지 이유로 소중하다. 생산성에 영향을 미치는 장애물을 제거해줌으로써 회사에 큰 기여를 하는 것이다. 집단 감성 연구의 관점에서 보자면 이 팀은 집단 감성의 영향 하에 있는 모습을 보여주고 있다. 무력감을 느끼기를 거부하고 기꺼이 책임감을 떠맡으려는 모습을 말이다.

외부 감성 조율하기

짐은 한숨을 쉬었다. 벅스팀에 다시 그 문제가 찾아왔다. 굉장한 생산성을 올려서 서로 기뻐하는 와중에도 조직의 나머지가 그 대가를 치르고 있다는 사실을 모르고 있었단 말인가? 이번에는 팀의 관리를 잘해보겠다고 한 부품을 3개월 공급받기로 결정했다. 부품을 바꾸지 않는다는 것은 기계 중단이 없다는 말이고 단위당 비용이 낮다는 것을 의미했다. 그러나 지금 팀은 불필요한 재고 문제와 다른 부품의 부족에 시달리고 있다. 그런데도 팀은 비판을 잘 받아들이려 하지 않는다. 자신들은 아무 잘못이 없는데 다른 이들이 괜히 그들의 콧대를 꺾으려 든다고 착각하고 있는 듯하다. 그런데 그 비난은 뭐지? 짐은 농담 안에 뼈가 있다는 것을 느꼈다. 누구도 감지하지 못하지만 기분 나쁜 뭔가가 있다.

고성과 팀이 구축해야 할 마지막 감성지능 수준은 외부 감성과의 조율이다. 개인의 감성을 들여다보듯 집단 역시 내적으로나 외적으로 감성을 들여다보아야 한다. 벅스팀의 경우 팀은 내부에 친밀한 감성적 유대를 형성해서 파벌적 행동을 하고 있다. 그러나 조직 전체의 관점에서는 다른 개인이나 팀의 기분, 욕구, 걱정거리들은 무시하고 있다.

팀 중에는 넓은 조직적 맥락을 자각하도록 해주는 규범을 마련하는 이들이 있다. 일례를 들면 여러 팀 구성원들이 주요 지지자층과 접촉하도록 만드는 것이다. 많은 팀이 이미 조직의 다양한 부서에서 차출된 구성원들로 구성되고 있어서 경제를 넘나드는 시각을 갖는 것이 특히 중요해지고 있다. 모두들 분발할 필요가 있다.

우리가 연구했던 팀 중에는 회사 노동조합의 견해를 이해하는 것이 중요하다는 사실을 자각한 이들이 있었다. 그 결과 HR에서 파견된 팀원이 노조에서 적절한 채널을 발견하는 수준까지 이르렀다. 경계를 넘나드는 시각은 팀 작업이 조직 내에서 중대한 영향을 미치는 상황에서 특히 중요하다. 가령 어떤 팀이 직원 모두의 요구에 부합하는 인트라넷을 설계하도록 요청받은 경우처럼 말이다. 우리는 놀랍게도 팀이 자신들만의 해결안에 너무 사로잡힌 나머지 회사의 직원들과는 공감대를 못 이루는 경우를 많이 보았다.

우리가 본 팀 중에서 최고의 감성지능적인 팀은 넓은 조직적 맥락에서 스스로를 조율하여 자신들의 욕구와 성취의 틀을 새로 짜고 다른 사람들을 설득해내기도 했다. 화학 처리 기업 코사(KoSa)의 한 팀은 새로운 제조 장비가 필요하다고 느꼈는데, 상부 경영진 쪽에서는 그 장비를 구입하는 것이 우선순위가 아니라고 생각했다. 그러자 팀은 의사결정자들이 관망세에 있다는 사실을 깨닫고는 새로운 장비가 직원들에게 줄 수 있는 혜택을 강조하기로 했다. 그들에게는 업무상 당연하게 필요한 상황이고 경영진 측에서는 가장 중요한 현안이 되도록 말이다. 그들은 고위 경영자들이 참석한 공장 안정 회의에서 그 장비가 근로자들의 상해 위험을 크게 줄여준다는 사례를 보여주었다. 몇 주 후 그들은 기계를 들여놓을 수 있었다.

팀은 당연히 회사 내 다른 팀의 욕구와 기분도 파악해야만 한다. 우리는 빠른 프로세싱과 최소의 충돌이라는 동일한 목표를 향해 하드웨어 엔지니어들과 소프트웨어 엔지니어들이 따로 일하는 IT 기업과 일한 적이 있었다. 각 팀의 성취는 매우 독립적으로 이루어졌다. 그러다가 하드웨어 팀 리더가 소프트웨어 사람들과 관계를 구축할 생각을 해냈다. 그러자 두 팀은 협조 체제로 들어가서 애초의 목표치보다 20~40% 높은 성과를 올릴 수 있게 되었다.

이런 종류의 긍정적 성과는 다른 집단의 기분과 욕구를 자각하도록 이끄는 규범에 의해 촉진될 수 있다. 우리는 AMP 부서에서 팀 사이의 인식을 위한 효과적인 규범을 보았다. 이 회사에서는 각 제조팀이 제조 과정에서 단계별로 책임을 지므로 서로가 제때에 제품을 완성할 것을 요구한다. 팀 리더들은 상대 팀의 요구와 자원과 스케줄을 파악하기 위해 아침에 회의를 한다. 한 팀이 앞서가고 다른 팀은 뒤처지면 그들은 자원을 다시 할당한다. 앞서가는 팀의 구성원들은 최대한 자상한 방식으로 뒤처진 팀을 도우면서 관계를 구축한다.

우리가 인용한 대부분의 팀은 외부의 필요와 의견을 파악할 뿐 아니라 거기에 영향을 미치기도 하는 좋은 사례를 보여준다. 이렇게 협업 수준의 감성을 조절하는 능력은 개인 감성지능에도 매우 중대한 '사회적 기술'이 집단으로 확장된 것이다. 이는 고립주의가 아닌 외교적 능력을 발휘해서 외부 관계를 개발시키고 외부인들의 신뢰를 얻는 일이다.

우리가 코사에서 본 제조팀은 매우 높은 사회적 기술로 유지보수팀과 협력하는 모습을 보여주었다. 그 팀은 어떤 문제가 공장에 발생하면 유지보수팀이 나서서 책임 활동을 많이 처리한다는 사실을 알게 되었다. 업무 조건이 비슷한데 제조팀이 유지보수팀보다 더 대우를 받을 필요는 없었다. 제조팀은 어떻게 해야 유지보수팀과 훌륭한 관계를 구축할 수 있는지를 깨닫고서 열심히 일했다. 가령 어떤 때가 되면 제조팀은 유지보수팀을 '이번 분기의 팀' 표창 후보로 내세워서 감사의 마음을 표현했다. 그리고 비밀리에 칭찬하는 글을 올려서 유지보수팀이 상을 탈 수 있도록 지지 활동을 했다. 제조팀과 유지보수팀이 맺은 훌륭한 관계가 공장 최고의 실적으로 이어진 것은 당연한 결과였다.

집단 감성지능 모델

우리는 집단 감성을 효과적으로 구축하는 방법으로서 감성 교류의 3단계를 살펴보았다. 첫째, 개인 구성원에 대해 둘째, 팀 자체에 대해 셋째, 외부에 대해 말이다. 이와 더불어 우리가 탐구한 규범은 집단이 감성적으로 생산적이고 현명하게 조화를 이루도록 해준다. 감성지능이 높은 구성원들로 구성된 집단에는 이러한 규범들이 적절하게 갖추어져 있지만 우리가 설명해놓은 모든 규범을 무의식적으로 개발해놓은 집단은 전혀 없는 것 같다. 즉 집단 감성지능 모델은 의도적으로 적용함으로써 혜택을 볼 수 있는 성격을 띠는 것이다.

가장 훌륭한 집단감성 팀은 어떤 모습을 띠고 있을까? 이상에 가장 가까운 모습을 우리는 산업디자인 기업 IDEO에서 보았다. IDEO의 창조적인 팀은 애플의 초기 마우스나 크레스트의 치약 튜브, 팜(Pam)의 PDA인 팜V 등의 디자인을 담당했다. IDEO는 디자인의 형식과 기능 면에서도 늘 경쟁자보다 앞서갔지만 다른 기업을 대상으로 창의적인 문제해결 기술을 가르치는 사업을 하기도 했다.

IDEO 업무의 본질은 높은 집단 감성지능을 불러일으키는 것이다. 이 회사는 마감일과 추정 예산액의 압박 속에서 인간의 욕구와 공학적 실재의 균형을 맞추는 혁신적이고 미학적인 솔루션을 전달하는 일을 한다. IDEO의 깊은 철학적 신념은 훌륭한 디자인은 뛰어난 개인의 고독한 추구의 결과물이 아니라 다양한 팀의 창의적 마찰을 통해서 가장 잘 성취된다는 것을 보여준다. 따라서 IDEO 팀들이 크게 인정을 받는 것은 당연한 결과다. 이 회사의 팀을 연구하면서 우리는 다음 세 가지 수준에서 감성지능을 구축하는 집단 규범을 확인했다.

첫째, IDEO 팀들은 팀원들의 감성에 대해 매우 잘 알고 있어서 그것을 조절하는 데에 능숙하다. 가령 IDEO 디자이너는 마케팅의 누군가가 디자이너의 제품에 로고를 붙여야 한다고 고집을 부리면 매우 기분 나빠한다. 시각적으로 보기 안 좋을 거라고 느끼기 때문이다. 언젠가 한 제품 회의에서 프로젝트 리더는 뭔가 잘못됐다는 사실을 감지했다. 디자이너는 혼자 저만치 앉아 있고, 일이 제대로 돌아가고 있지 않다는 느낌을 받은 것이다. 프로젝트 리더는 상황 파악을 한 다음 서로 해결할 수 있는 방향으로 협상을 이끌었다.

둘째, IDEO 팀원들은 규범을 어기면 대면 상태로 들어간다. 브레인스토밍 때 흔히 벌어지는 일인데 판단을 보류하되 아이디어를 무시하지 않는 게 규칙이다. 누군가 이 규칙을 어기면 팀은 비누 장난감을 던져서 강제적이면서도 재미있는 방식으로 그를 혼내준다. 누군가가 선을 넘을 때도 당장 비누 장난감을 던진다. 고객이 방에 있을 경우에는 의자 밑으로 발을 차는 식으로 겉으로 감지하기 힘든 방식으로 대면을 처리한다.

셋째, IDEO 팀들은 집단 감성지능의 장점을 보여준다. 높은 수준의 자기 인식을 하기 위해 늘 조직 안팎으로 피드백을 구한다. 가장 중요한 것은 고객과 밀접한 관계를 맺는다는 것이다. 그 덕분에 디자인이 고객의 기대에 부응하지 못하면 재빨리 그것을 찾아내어 수정 절차를 밟는다.

넷째, IEDO는 스트레스 배출구를 제공해서 집단 감성을 조절한다. IEDO에서 회사는 즐겁고 재미있는 장소이다. 직원들이 기분이 침체될 때면 수백 개의 손가락 우주총을 집어서 쏠 수 있다. 이 디자인 회사는 감성의 표출을 반기는 문화가 발달되어 있어서 누군가가 일어서서 기분이 좋아서건 화가 나서건 소리를 질러도 아무렇지 않게 본다. 심지어 사람들이 휴식이 필요하면 즐거운 프로젝트에 참여할 수 있게 해준다. 가령 기업 휴일 카드(company holiday card)를 디자인하거나 '여행자 숙박(tourist stop)' 안내판을 디자인하는 프로젝트를 맡게 될 수도 있다.

마지막으로 IDEO팀은 반드시 팀 외부인들의 요구와 걱정에 대해서 파악한 뒤 그것을 개인과 집단과의 관계를 개발하는 데에 사용하도록 규정으로 정하고 있다. IDEO의 전광판에는 재미있는 모형이 그려져 있다. 버튼을 누르면 트럭 베드로부터 튀어나오는 스프링들에 플라스틱 조각들이 붙어 있는 장난감 트럭이다. 그 모형은 많은 교훈을 가르쳐준 사고를 기념하는 것이다.

거기에는 3주 동안 어떤 제품을 위해 매우 복잡한 플라스틱 인클로저에서 일하던 디자인팀에 관한 이야기가 얽혀 있다. 마감시한은 월요일이었는데 그 전 주 목요일에 한 엔지니어가 페인트를 칠하려고 꺼내던 중 플라스틱들이 픽업 베드에서 미끄러져 나와 길에서 70mph로 폭발해버린 사건이었다. 팀은 주말 동안 폭발된 부분을 다시 만들려고 했지만 외부 조립자 없이는 마칠 수가 없었다. 다행히도 조립자들과 좋은 관계를 맺어놓았기 때문에 그들은 주말인데도 기꺼이 협조를 해주었다. 그 재미있는 트럭 모형은 평상시에 외부인과 좋은 관계를 맺어 놓았기 때문에 실수를 잘 넘길 수 있었던 엔지니어를 떠올리기 위한 것이다. 이 사례는 위기에 빠진 팀이 어떻게 친구들로부터 도움을 구할 수 있는지를 보여주고 있다.

집단 감성지능을 위한 규범 세우기

모든 기업이 IDEO처럼 팀이나 팀의 감성지능에 의존하지는 않는다. 그러나 지금은 의사결정이나 일에 대해 다른 때 같으면 개인적인 업무가 될 수도 있는 일들을 팀에게 더욱 많이 의존하는 것을 본다. 그런데 팀에게 똑똑한 인력, 풍부한 자원, 확실한 사명감 등, 모든 것이 갖추어져 있는데도 집단 감성지능이 부족해서 실패하는 것을 보면 안타깝다.

그렇다면 팀을 성공하게 만드는 열쇠는 무엇일까? 바로 상호신뢰감, 집단정체성, 집단효율성을 키우는 규범이다. 규범은 기술력이 높고 자원이 풍부한 팀이 잠재력을 완수하도록 도와주며 기본적인 과제에 직면한 팀이 그것을 잘 해결할 수 있도록 도와준다. 그런데 이 글의 이야기 속에서처럼 강력한 규범들은 어떻게 나올 수 있을까? 연구를 통해 우리는 그것이 공식적 팀 리더, 비공식적 팀 리더, 대담한 추종자, 훈련, 대대적인 조직 문화라는 다섯 가지 기본 방향에서 나온다는 사실을 확인했다(규범 세우기에 대해서는 이 글의 마지막에 있는 '집단 감성지능 3단계 규범 세우기' 참조).

가령 헤이그룹에서는 팀 리더가 팀이 조직의 전반적인 효율성에 대해 감성을 키우도록 의도적으로 이끈다. 헤이그룹의 팀은 많은 다양한 문화로부터 온 관리자들로 구성되어 있기 때문에 모든 구성원들이 높은 수준의 대인 이해력을 지니고 있다고 볼 수 없다는 판단에서였다. 규범을 세우기 위해 그는 탁자 없는 회의, 소집단 활용, 팀원의 다양한 학습 스타일별 지도 등과 같은 참신한 방법들을 도입했다.

이와 같은 개입의 역할을 가장 잘 할 수 있는 사람은 아마도 공식 리더일 것이다. 비공식 리더나 팀원들이 규범화를 통해 감성지능을 높일 수 있는 방법은 좀 불확실하다. 가령 팀이 중요한 견해나 감정을 무시하는 것을 보면 누구라도 그것을 발언하는 식으로 규범을 세울 수 있다. 아니면 단순히 안정된 환경을 만들어내는 일도 규범화할 수 있다.

사람들에게 감성 자각력을 높여서 감성을 조절하는 법을 가르치는 방법으로 훈련 과정을 이용할 수도 있다. 지금 많은 기업들이 스트레스 관리법처럼 리더십 개발 과정, 협상 및 커뮤니케이션 워크숍, 근로자 지원 프로그램(EPA)에서 감성적인 문제에 초점을 두고 있다. 이러한 훈련 프로그램들은 팀원들이 감성지능 규범을 세우는 일의 중요성에 대해 민감하게 느끼도록 만든다.

마지막으로 아마 가장 중요한 것으로 팀은 직원들의 감성을 인식해주고 칭송해주는 대대적인 조직문화에 의해 영향을 받는다. 이는 IDEO의 사례에서도 분명히 볼 수 있고 지금 신경제의 대단한 가치를 창출해주고 있는 많은 기업들에서도 이러한 경향이 발견되고 있다. 안타깝게도 이런 기업문화가 발달되어 있지 않은 기업들에게는 매우 어려운 퍼즐과 같은 난제이기도 하다. 하지만 출근하는 직원들의 표정을 살피는 역사를 가지고 있는 조직이라면 변화는 일어날 수 있다. 모두 다는 아니라도 한 팀이라도 가능할 것이다.

감성지능적인 팀이 되려면

이 글에 소개된 연구는 매우 단순한 한 가지 당위에서 나왔다. 팀워크의 시대에는 팀의 효율성을 높이는 방법을 파악하는 것이 기본이기 때문이다. 우리 연구는 성공하는 팀은 성공하는 개인처럼 감성지능적이어야 하고 어떤 팀도 높은 감성지능을 키울 수 있다는 기본 전제에서 나왔다.

우리는 집단이 감성지능을 높이기 위해 마련할 수 있는 규범들을 포함하여 긍정적 변화의 모형을 제시하려고 노력했다. 다른 모든 집단처럼 팀도 그러한 규범에 따라서 운영되어야 한다. 모든 수준의 상호 교류에서 감성을 자각하고 조절하는 규범을 세우려고 노력하면 진정한 협조와 협동을 이루는 데에 필요한 상호신뢰감, 집단정체성, 집단효율성의 굳건한 토대를 쌓을 수 있을 것이다. 그리고 그것은 전반적인 높은 성과로 이어질 것이다.

:: 집단 감성지능 3단계에 대한 규범 세우기

집단 감성지능은 작은 행동으로 큰 변화를 가져오는 일이다. 마감일을 맞추기 위해 밤을 새워 일하는 것이 아니라 그 일에 대해 감사하다고 그저 말하는 것이다. 어떤 아이디어에 대해 열렬히 토의하는 게 아니고, 말없이 구성원의 생각을 들어주는 것이다. 집단 내 조화 이루기, 긴장감 타파하기, 서로에 대해 호감 갖기 등에 관한 것이 아니고 조화가 깨졌을 때 긴장감을 표출하지 않고 다른 이를 존중해주는 것에 대한 이야기다. 다음 표는 집단 감성지능 구축에 필요한 규범을 세울 때 집단이 할 수 있는 작은 일들을 정리해놓은 것이다.

개인	집단 내부	집단 외부
	감성 인식을 이끄는 규범	
사람 사이의 이해	팀 자기평가	조직 이해
1. 서로를 잘 알기 위해 집단과업으로부터 시간 빼내기. 2. 회의를 시작할 때 '인사' 시간 갖기. 즉 모두들 잘 지내는지 물어보기. 3. 바람직하지 않은 행동도 어떤 이유가 있어서 일어난다고 가정한다. 그 이유가 무엇인지 찾아낸다. 질문하고 경청한다. 부정적으로 탓하는 행위는 피한다. 4. 팀 동료에게 자신의 생각과 느낌을 말해준다.	1. 팀 효율성을 검토하는 일정을 잡는다. 2. 측정 가능한 임무 및 과정 목표를 만든 다음 그것을 측정한다. 3. 집단의 기분을 인정하고 그에 관해 논의한다. 4. 팀에 배출할 수 있는 자신의 감정을 전달한다. 5. 구성원들이 과정 점검을 요청하도록 만든다.(가령 "이것이 지금 당장 우리 시간을 가장 효율적으로 사용하는 건지, 과정 점검해봅시다." 하는 식으로)	1. 조직 내 다른 이들의 걱정과 필요를 찾아낸다. 2. 목표 성취를 위한 팀의 능력에 누가 영향력이 있는지를 고려한다. 3. 조직의 문화와 정치에 대해 논의한다. 4. 제안된 팀 행동이 조직의 문화 및 정치와 일치하는가를 묻는다.
원근법적으로 접근하기	피드백 구하기	
1. 모두가 의사결정에 동의하는지를 묻는다. 2. 말이 없는 구성원들의 생각을 물어준다. 3. 너무 빨리 도출된 의사결정에 대해 질문을 제기한다. 4. 선의의 반대 의견을 요청한다.	1. 고객에게 여러분이 잘하고 있는지를 물어라. 2. 자신의 업무를 게시한 뒤 그에 대한 의견을 환영하라. 3. 자기가 따르고 있는 프로세스의 기준을 정하라.	

감성 조절에 도움이 되는 규범들

대면	감성에 대처하기 위한 자원 창출	외부와 관계 구축하기
1. 기본 법칙을 설정하여 잘못된 행동을 지적하는 데에 사용한다. 2. 잘못된 행위에 대해 꾸짖는다. 3. 잘못된 행동을 지적한 재미 있는 장치를 고안한다. 집단에서 자발적으로 나오면 재강화한다.	1. 어려운 문제에 대해서는 논의할 시간을 내어서 그것을 둘러싼 감정을 집중적으로 다룬다. 2. 집단 감성을 인정하고 표출하기 위한 창조적이고 신속한 방법을 찾는다. 3. 스트레스와 긴장을 인정하고 그것을 완화하기 위한 재미있는 방법을 만들어낸다. 4. 구성원들의 감성을 수용하였음을 표현한다.	1. 네트워킹 및 상호 교류를 위한 기회를 만든다. 2. 다른 팀의 요구를 물어본다. 3. 다른 팀에 지원을 제공한다. 4. 자신이 하는 일에 이해관계가 있는 이들을 팀 회의에 초대한다.

남에 대한 배려	안정된 환경 만들어내기	
1. 구성원들을 지원한다. 그들이 필요로 한다면 지원하고, 유연하게 대하고, 감정적 지원을 제공한다. 2. 구성원들의 공헌을 인정해준다. 3. 구성원들을 공격으로부터 보호한다. 4. 큰 견지에서 바라본 개인의 개성과 차별성을 존중한다. 5. 품위를 떨어뜨리는 행동을 하지 않는다.	1. 팀이 과제에 부합할 수 있다는 감정을 강화한다. 낙천적 자세를 갖는다. 가령 "우린 극복할 수 있어.", "아무도 우리를 막지 못할 거야."라는 식으로 말하라. 2. 여러분이 통제할 수 있는 것에 집중한다. 3. 구성원들에게 집단의 중요하고 긍정적인 사명을 일깨워준다. 4. 예전에는 비슷한 문제를 어떻게 해결했는지를 팀원들에게 일깨워준다. 5. 비난이 아닌 문제해결에 초점을 맞춘다.	
	예방적으로 문제를 해결한다	
	1. 문제를 내다보고 일어나기 전에 집중적으로 해결하려는 노력을 한다. 2. 성공에 필요한 것을 이해하고 파악하기 위해 노력한다.	

3

왜 가망 없는 프로젝트를 중단하지 못할까

이사벨 로이어
Isabelle Royer

요약 | 왜 가망 없는 프로젝트를 중단하지 못할까

　원형 단계에 있을 때부터 전문가들로부터 진부하다고 평가받은 기술이 있었다. 출시되었을 때 소비자의 반응도 냉담했다. 그런데도 회사는 고집스럽게 생산량을 계속 늘렸고 신모델까지 개발했다. 마침내 프로젝트를 접었을 때는 놀랍게도 5억 8000만 달러를 날린 상태였으며 기업 자원이 묶인 세월만 해도 장장 14년이었다. 바로 RCA의 셀렉타비전(Celecta Vision) 비디오디스크 리코더에 관한 이야기이다. 그리고 이는 비단 RCA만의 이야기가 아니다. 비록 규모의 차이는 있지만 기업들은 늘 이와 유사한 실수를 저지른다.

　왜일까? "오늘도 회사 돈 수백만 달러를 날리기 위한 프로젝트를 해야지."라고 말하면서 출근 하는 사람은 아무도 없다. 오히려 그 정반대이다. 모두들 자신이 회사에 보탬이 되는 프로젝트에 참여하고 있다는 부푼 마음을 품고 출근길에 오른다. 그런데 놀랍게도 자신이 추진하고 있는 프로젝트는 기필코 성공하리라는 열렬한 신념에서 모든 문제는 빚어진다. 이런 신념은 프로젝트챔피언(project champion)에 의해 조직 전체에 전파되는데, 그로 인해 집단신념 상태에 빠지게 되는 사람들은 프로젝트의 실행 가능성만을 철썩 같이 추종하면서 어떠한 임박한 종말의 조짐이 나타나도 그것을 그저 일시적인 좌절 정도로만 여긴다.

　이 글에서는 두 기업에 대한 냉정한 사례연구를 통해 이 현상을 다룬다. 하나는 세계적인 안경렌즈 제조기업 에실로(Essilor)이고, 다른 하나는 세계적인 건축자재기업 라파즈(Lafarge)이다. 글의 끝에 저자들은 반대 사례를 통해 그러한 함정을 피할 수 있는 길을 제시하고 있다. 바로 배짱이 맞는 사람들로만 팀을 꾸리지 말고, 명확한 검토 과정을 정착시키는 것이다. 두 기업의 사례에서 우리는, 프로젝트의 분위기를 살리고 운영하기 위해 프로젝트챔피언이 필요하다면 도가 넘치는 행동을 하고 있는 조직에게 그 정도 했으면 충분하다는 사실을 인정시킬 수 있는 엑시트챔피언(exit champion)도 필요하다는 사실을 알 수 있다.

RCA의 셀렉타비전 이야기

이베이(eBay)에 가면 아직도 RCA의 셀렉타비전을 찾아볼 수 있다. 매끈하게 윤기가 흐르는 이 비디오디스크 플레이어는 LP판 크기의 디스크를 돌려서 보는 것인데, 소비자 가전의 역사상 가장 큰 실패작의 하나로 꼽힌다.

하지만 이 셀렉타비전의 이야기를 되짚어 보게 만드는 초점은 그 대대적인 시장 실패가 아니다. 실패가 코앞에 닥쳤다는 사실을 알려주는 조짐들이 속속 드러나는데도 RCA가 고집스럽게 계속 제품개발에 돈을 퍼부었다는 점이다. 전문가들 일각에서는 RCA가 1970년에 첫 번째 시제품을 내놓았을 때부터 이미 이 축음기 같은 기계의 진부성을 내다봤었다. 그리고 그로부터 7년 뒤에는 VCR의 품질이 개선되고 디지털 기술의 도래가 임박해져서 RCA의 경쟁사들은 너나 할 것 없이 비디오디스크의 개발에서 손을 뗐었다. 그런데도 1981년 셀렉타비전은 출시되었고, 그 당시 소비자들의 반응이 냉담했는데도 RCA는 신모델을 개발하고 생산력을 늘리는 일에 투자를 멈추지 않았다. 그리고 1984년에 들어서야 셀렉타비전의 생산 중단을 발표했다. 그간 이 제품에 투자된 금액은 아연실색하게도 5억 8000만 달러에 달했으며 이 사업에 기업 자원이 묶인 세월만 해도 장장 14년이었다.

더러 정도의 차이는 있지만 이런 류의 실수에서 기업들은 헤어나지 못한다. 물론 뒤늦게 교훈을 얻기는 하지만 이미 막 내린 과감한 시도들에 대해 태평한 비판을 퍼붓는 사후약방문 격이다. 그런데도 성공할 수 없다는 증거 자료들이 산적하는 프로젝트들에 관리자들이 무조건 돌진하는 사례는 너무도 많다.

왜 기업들은 가망이 없는 프로젝트들을 과감히 접지 못하는 것일까? 단지 경영 능력이 부실해서인가? 관료적 관성 탓인가?

내 연구의 내용은 그 원인이 다른 곳에 있다고 밝히는 것이다. 내가 조사한 바에 따르면 프로젝트의 실패는 경영 무능력이나 고질적인 관료주의의 산물인 경우가 거의 없었다. 공교롭게도 거의가 자신들이 추진하는 프로젝트는 기필코 성공하리라는, 관리자들 사이에 팽배한 열성적 신념에서 비롯되고 있었다. 당연한 말이지만 이렇게 신념에 찬 감정은 전형적으로 프로젝트챔피언에게서 발산되어 조직 전반에 스며들면서 대개 프로젝트의 각 단계의 관리자들이 다시금 각오를 다지는 식으로 조직에 고착된다. 그 결과 소위 집단 신념의 형태로 굳어져서, 그렇지 않다면 이성적으로 행동할 조직을 어떤 면에서는 매우 비이성적인 행동을 하게끔 내몬다.

물론 강한 신념을 품고 불가피한 실패에도 좌절하지 않으려고 애를 쓰는 태도가 프로젝트를 살리고 돌아가게 하는 데에 꼭 필요하기는 하다. 하지만 거기에는 일장일단이 있다. 어떤 프로젝트가 진행되는 도중에 실험실이나 협력업체들, 파트너들, 소비자들로부터 비관적인 피드백들이 점점 많이 올라오는데도 이미 굳어진 신념 때문에 눈이 멀어버린다는 사실이다.

왜 이런 일이 벌어지는지, 이를 예방하려면 어떻게 해야 하는지를 알아내기 위해, 나는 세계적인 프랑스 기업 두 군데가 제품혁신에서 실패를 한 사례들을 분석해보았다(간략하게 정리한 연구 내용을 보려면 이 글의 마지막에 있는 '그들의 머릿속에는 어떤 생각이 들어 있었을까' 참고). 한 사례는 세계적인 안경렌즈 제조업체 에실로의 신렌즈 개발 프로젝트이고, 다른 한 사례는 세계 최대의 건축 자재업체 라파즈가 추진한 건축용 종이, 페인트, 플라스틱 등에 사용될 혼화재 개발 프로젝트이다. 두 프로젝트는 모두 수백만 달러의 자금만을 잠식시킨 채 결국은 불발되었다.

글의 끝에 나는, 기업들이 이런 종류의 재앙을 피하려면 따라야 할 많은 실행 모델을 분석해놓았다. 한 가지를 들자면 박수부대를 피해서 프로젝트팀을 꾸리는 것이다. 명확한 규정의 심의 과정을 정착시켜서 그것을 따르면 된다. 가장 중요한 것은 기업이 '엑시트챔피언'의 역할을 자각하는 것이다. 이들은 기업 내에 팽배한 신념에 의혹을 제기할 수 있는 기질과 신뢰성을 갖춘 관리자들로, 프로젝트의 실행 가능성에 대해 하드데이터를 요구하며, 필요할 때는 프로젝트를 접어야 한다고까지 강력하게 주장을 펼 수 있는 이들이다. 프로젝트챔피언의 중요성은 잘 입증되어 왔지만 쓸데없는 돈 잔치가 되기 전에 프로젝트에서 플러그를 뽑아버릴 수 있는 엑시트챔피언들의 가치는 일반적으로 잘 인식되지 못하고 있다.

불굴의 신념에서 비롯된 실패

에실로는 오랜 동안 자사의 연구력을 긍지로 삼아왔다. 일례로 1959년에 에실로는 바리락스(Varilux) '누진다초점' 렌즈를 개발했는데, 이것은 전통적으로 근시와 원시의 초점 두 개가 확연히 드러나는 라인을 없애고도 두 종류 시력을 동시에 교정할 수 있는 렌즈였다. 그러나 이 렌즈의 개발 스토리가 1979년 여름에 가시화되고 있을 때, 에실로에는 이것 말고 다른 유사한 기술혁신이 가능해지고 있었다. 1974년부터 에실로는 떨어져도 깨지지 않으며 기스도 안 나는 가벼운 감광 유리·플라스틱 복합렌즈 재료를 개발하려고 백방으로 노력했다. 그러던 중 드디어 한 개발자가 이 복합재료에서 렌즈를 만들어낼 수 있는 방법을 찾아냈다. 그것을 본 연구 책임자는 그 아이디어에 개인적인 호기심이 발동해서 당장 시험 렌즈의 생산을 지시했다. 이틀 후 복합렌즈는 완성되었다.

이 소식은 회사 전체에 순식간에 퍼졌고 열광적인 환호를 받았다. 그리고 그 연구 책임자는 추가 연구를 진행시킬 방법을 모색하면서 회사로부터 승인을 받았다. CEO가 나서서 그 프로젝트를 관장할 관리자들을 선발하기에 이른다. 그리고 그들 중 많은 이들이 바리락스 렌즈의 개발을 포함한 다른 성공한 프로젝트들에도 공동으로 참여하게 된다.

초기에 이 복합렌즈의 내구성과 잠재적 원가에 대해 약간의 의혹이 제기되기는 했다. 어떤 복합재료든지 그 겹이 벌어지는 일은 흔히 벌어지기 때문이다. 사실, 당시에도 연구 제조의 총괄자가 이 제품의 실용성에 대해 의구심을 품었었다. 하지만 그의 염려는, 동료 직원의 말을 따르자면 그가 '회의주의자'였기 때문에 묻혀버리고 만다. 초기 마케팅 연구도 전혀 진행된 게 없었다. 바리락스 렌즈에 대해서도 마찬가지였다. 두 프로젝트 모두 신바람 나는 기술에 의해 주도되기만 했다. 다른 에실로 제품의 기존 매출을 기준으로 보아 복합렌즈의 예상 판매량은 1985년까지 연간 4000만 개에 달할 것으로 추정되었다. 그러자 1980년 4월에 이 프로젝트는 계속 진행하라는 승인을 받았고, 목표 출시일은 1981년 말로 정해졌다. 회사 전체가 흥이 나서 들썩거렸다.

그러다 1980년 9월에 안 좋은 소식이 들려왔다. 복합렌즈용 유리를 공급하는 코닝(Corning)이 떨어져도 깨지지 않는 렌즈 재료를 미국 식약청(FDA)의 시험에 부합하게 개발하는 일이 예상보다 어렵게 되었다고 발표한 것이다. 이 말이 사실일 경우 회사의 예상 판매량은 1985년에 겨우 1000만 개에 그칠 것이었다. 이듬해 1981년 1월에 실시된 예비 실험에서도 다른 문제들이 많이 밝혀졌다. 안경테에 렌즈를 끼울 때 렌즈에 금이 가는 현상이 발견된 것이다. 연구자들은 이 문제를 해결할 수 있다고 자신했다.(나중에 회사는 안경사들에게 렌즈 교체 보증금을 제공해주기로 결정한다.) 예비 시험에서 문제가 밝혀졌는데도 생산 시설이 지어졌고, 시범 제조도 시작되었다. 그런데 이제 다른 곳에서 문제가 발생한다. 생산원가가 예상치보다 2배로 뛰어오르자 이로 인해 렌즈의 소비자 가격이 일반 렌즈보다 6배로 뛰어오른 것이다.

에실로는 1982년에 복합렌즈를 자랑스럽게 출시한다. 에실로의 사장은 프랑스 산업부에 샘플 렌즈까지 보낸다. 한 연구자는 자기 아들에게 '기술혁신의 묘체'를 보여주려고 자기 연구실에 시제품을 숨겨놓기까지 한다. 기자회견에서 렌즈를 발표한 한 임원은 '진정한 기술의 개가'라고 표현한다.

그런데 고객들의 반응은 냉담했다. 일단 안경사들로부터 가격대가 비싸고 렌즈를 테에 끼우기가 어렵다는 불만이 올라왔다. 에실로는 그 해 말

판매 예상고를 초기 생산용량으로만 한정시킨 20만 개로 내다보았다. 그러나 예상일이 닥쳤을 때 실판매량은 겨우 2만 개에 그쳤다. 더군다나 렌즈의 겹이 갈라질 수 있다는 우려가 충분한 근거와 함께 입증되고 있었다.

이러한 좌절은 프로젝트 관련자들에게 정신적 타격을 안겨주었지만 그들의 신념을 불식시키지는 못했다. "링에 나가떨어지는 느낌이었죠. 그런데 그렇게 충격에 휩싸여 있으면서도 실패란 우리와는 먼 일이라고 여겼죠." 어쨌거나 사람들이 누진다초점 렌즈가 눈에 익숙해지기가 어렵다는 걸 알고서 바리락스의 초기 판매량도 부진하다는 사실을 관련자들은 지적한다.

문제는 계속된다. 1985년에 에실로는 렌즈 탈착 문제를 해결했다면서 차세대 렌즈를 출시한다. 그런데 판매고는 연간 최고 1만 5000개로 뚝 떨어진다. 1986년 개선된 복합재료가 이 탈착 문제를 해결했다지만 안경사들은 여전히 이 렌즈를 테에 끼울 때 어려움을 겪는다. 회사는 연구자들에게 3세대 렌즈 출시에 뛰어들기 전에 이 문제를 해결하라고 했다.

1년 동안 정밀 연구가 실시되었지만 문제는 여전히 해결되지 않았다. 그런데도 연구 책임자는 렌즈 분리 문제가 수정되어 왔으므로 3세대 렌즈를 출시해야 한다고 임원위원회에서 주장한다. 회사는 그의 말에 따라 1987년 말에 3세대 렌즈를 출시했고, 1988년 판매고는 지지부진하면서 5만 개로 올라간다.

1989년 봄, 회사의 전반적인 연구 생산 활동이 철수 및 재편되어 4명의 신입 관리자들이 프로젝트에 영입된다. 새로 합류한 연구 책임자는 렌즈의 주요 챔피언(foremost champion)을 교체하고 9월에 프로젝트에 대한 자신의 평가를 완료한다. 여전히 매출은 낮고 렌즈가 FDA 시험에 아직도 통과하지 못했기 때문에 미국 시장은 요원하기만 했다. 누진다초점 렌즈를 포함하여 제품 전 영역의 개발에 필요한 투자는 그 동안 쏟아부었던 것의 2배로 뛸 수 있었다. 그래서 그는 이 렌즈를 포기할 것을 권고한다.

최고 경영진은 그의 권고안을 거절하지만 회사는 그 프로젝트에 대한 철저한 평가를 하기로 한다. 사업분석을 해본 결과 당연히 그 렌즈는 현재 이익을 내지 못하고 있다는 사실을 보여준다. 마케팅 연구에서는 품질 문제들이 해결된다고 해도 예비 판매량은 당초 예상량인 연간 4000만 개의 조각에 불과한 15만 정도가 될 것이라는 결론을 내린다. 이는 이 렌즈는 결국 앞으로도 매우 수익성이 낮으리라는 것을 말해주는 것이었다.

1990년 9월, 아직도 해결되지 못한 품질 문제를 여전히 안고 FDA 시험에 통과할 가능성도 없는 상태에서, 에실로는 렌즈 연구에서 즉각 철수할 것을 결정하고 1년 안에 생산을 전면 중단하기로 한다. 첫 번째 경고 사인이 나타난 지 10년이나 흐른 시점이었다. 그동안 에실로는 3억 프랑(1990년 달러 가치로 최저 5000만 달러)을 쏟아부은 상태였다.

수정 충전재에 대한 기대

라파즈도 에실로처럼 자사가 개발하고 있던 제품의 성공에 큰 내기를 걸었다. 1985년 초반, 라파즈는 핵심 건축자재 사업에 공통적으로 사용되던 광물인 석고의 수정화에 대한 연구가 어떤 결실을 맺을 것이라 기대했다. 석고부서의 엔지니어링 책임자는 수정이 종이와 페인트 제조에 공통으로 사용되는 바탕재 광물의 최고 대체재가 될 수 있다는 결론을 내렸다. 시장은 커보였다. 내부 예측에 의하면 연간 예비 판매량이 4억 프랑(당시 미화로 약 4000만 달러)에 달했다. 이익뿐 아니라 자부심도 걸려 있었다. 라파즈는 전형적으로 인수를 통해서 성장한 기업이었기에 인수 자원을 신규 사업에 이용함으로써 회사가 유기적으로 성장할 수 있다는 면을 보여줄 절호의 기회이기도 했다.

그 해 후반, 석고부서의 엔지니어링 책임자는 수정을 종이 충전재(벽지의 질감이나 불투명도 같은 시각상의 물리적 성질을 향상하기 위해 종이 벽재 사이에 추가하는 물질)로 사용할 연구를 시작하면서, 큰 제지회사 오스다 레(Assedat Rey)와 파트너십을 맺는다. 그 엔지니어링 책임자와 관리부서장은 라파즈의 최고 경영진으로부터 프로젝트 후원을 승인받는다. 충전재로 수정을 쓰겠다는 접근법은 매우 혁신적이어서 금세 열의가 높아졌다.

다음 몇 년 동안 이 프로젝트는 성공과 좌절을 모두 겪는다. 종이 충전재 제품은 많은 면에서 기존 충전재보다 우수했고, 수정은 플라스틱 제조에도 잠재적으로 적용되는 것으로 드러났다. 오스다 레는 한 단계 나아간 종이 충전재 시험을 위해 돈을 대기로 동의한다.

그런데 몇 가지 문제점들이 부각된다. 그 제품은 특정한 제지기계를 잘 안 돌아가게 했고 소비자가만 올린 채 고밀도 제품이 나오지 못했다. 그러나 연구자들은 이런 문제들이 해결될 수 있다고 자신만만했다. 라파즈의 최고 경영진은 종이와 플라스틱에 적용할 것을 포함한 개발에 대해 프로젝트를 승낙했고, 1990년을 목표 출시 해로 잡았다.

드디어 1987년 12월, 오스다 레가 원하는 고밀도 수준은 달성하지 못했지만, 종이 충전재에 대해 실시한 첫 번째 생산 시험은 기술적으로는 성공한다. 시험의 성공으로 라파즈의 낙관주의는 한층 격앙된다. 비공식적 연간 예상 판매량은 10억 프랑, 1988년 달러화로 1억 9000만 달러에 달했다. 경제성을 예측해 보면 종이 충전재 자체는 수익성이 없는 게 확실했다. 그러나 종이, 페인트, 플라스틱에 대한 제품 전 영역을 통틀어서는 수익성이 있어 보였다. 그런데 불행하게도 종이 충전재만이 실험실 단계를 뛰어넘어 진전을 보인다.

그래도 사람들은 제품을 시장에 내놓고 싶어서 안달이었다. 1990년에 생산을 시작하려면 1989년에 공장을 착공해야 했고 그러기 위해 석고부서 책임자는 자금지원이 필요했다. 1988년 말 라파즈의 최고 경영진은 종이 충전재의 고밀도 버전의 시험이 아직 실시된 적이 없다는 사실을 알고서도 기준에 부합시키는 조건으로 공장 착공의 자금지원을 허락한다. 프로젝트팀은 돈이 풀리기 전에 '예비 작업장 제조 공정의 실행 가능성과 제품 품질 및 고객수용성을 검증' 하기로 했다.

이 일시적인 전진은 프로젝트 구성원들의 열렬한 환영을 받는다. 그 즈음 한 소비재 회사에서 영입된 광물 충전재 신입 간부만이 외로운 반대 목소리를 낸다. 그는 특히 고밀도 종이 충전재가 오스다 레의 신규 테스트에 실패할 경우 이후에 등장할 남아 있는 기술적 과제를 놓고 우려를 제기했다. 그러나 그의 우려는 그가 산업재 경험이 부족하다는 이유로 전면 무시된다. 프로젝트 관련자들은 반복해서 이 사실을 그에게 상기시켜서 그를 나서지 못하게 만든다. 결국 그는 문제 제기를 그만두고 자리에서 떠나고 만다.

그 동안 오스다 레는 종이 충전재에 대한 관심이 시들해지고 추가 실험을 계속 미룬다. (나중에 종이 충전재 가격이 너무 높아지기 때문에 이 일로 라파즈와의 관계가 멀어지게 된다.) 종이 충전재의 '품질과 고객수용성'(공장에 대한 자금지원을 받으려면 부합시켜야만 하는 기준)은 보장되기가 어려워 보였다. 그러나 프로젝트 구성원들이 프레젠테이션을 한 이후, 최고 경영진은 공장 건설을 낙관적으로 보아서 1990년 9월에 준공하게 된다. 몇 주 뒤 라파즈 실험실 연구자 총 연례회의에서 종이 충전재 연구자들과 관리자들은 성공적인 진취적 연구의 전형으로 이 프로젝트를 발표한다.

그러나 새 공장은 여전히 놀고 있었다. 생산을 위해 실험실에서 나온 제품이 하나도 없었고 추가 실험에 자금을 대겠다는 고객이나 파트너도 없었기 때문이었다.

그러는 동안, 프로젝트챔피언 중 하나였던 석고부서의 책임자가 건강상의 이유로 회사를 떠나게 되어 사내 타 부서의 책임자가 그 자리에 대신 앉게 된다. 새로 온 광물 충전재 책임자는 프로젝트의 실행 가능성을 공식적으로 평가할 태스크포스를 구성한다. 그런데 자료가 부족해서 이 일은 쉽게 진행되지 않는다. 가령 초기 시장 연구에 대한 자료는 확보되어도, 이후 초반에 구상된 특성들이 조금씩 변경된 상태의 제품에 대한 후속 시장자료는 확보하기 어려웠다. 그런데도 1991년 4월 태스크포스 팀 보고서에는 종이 충전재 자체는 수익성이 없다는 사실에 단정을 내리면서도, 다른 제품들을 예비 시험에 준비시키려면 추가 3000만 프랑(1991년 달러 가치로 약 530만 달러)과 2년이라는 기간이 필요하다는 보고가 올라 있다. 그것을 본 새 책임자는 그 프로젝트를 종결시킬 것을 권고한다.

대부분의 팀원들이 사실에 입각한 발견에는 동의했으나, 많은 이들이 프로젝트를 접자는 권고는 거절한다. 그래서 최고 경영진은 종이 충전재의 개발은 중단시키되, 종이 코팅과 플라스틱 제조에 사용될 제품개발은 지속할 것을 승인한다. 그러나 1991년 말 종이코팅 제품 시험은 형편없는 결과만을 남긴 채 개선될 희망을 거의 보여주지 않는다. 1992년 초반에야 비로소 공장은 매각되고 전체 프로젝트는 중단된다. 그때까지 소요된 비용은 7년간 총 1억 5000만 프랑(1992년 달러화 가치로 약 3000만 달러)이었다.

집단신념의 마력

위의 사례에서 두 기업 의사결정자들의 마음을 사로잡은 것은 무엇이었을까? 왜 에실로는 그렇게 많은 부정적 증거에도 불구하고 신규 렌즈의 개발을 고집했는가? 왜 라파즈는 자사의 석고 수정 첨가재가 시장에서 미래가 있는지 없는지를 결정하기도 전에 신규 생산 시설을 세웠는가?

관료적 타성 탓도 아니었다. 이 프로젝트들에 대한 절차와 관리는 너무 둔감하거나 완고했다기보다는 너무 해이했다. 또한 프로젝트챔피언들이 자신들이 처음부터 분위기를 살려서 끌고 가던 프로젝트를 정당화하기 위해 죽은 말을 채찍질하고 있었던 것도 아니다.

많은 인터뷰와 당시의 무수한 문서에 의해 두 회사에 대해 밝혀진 것은 바로 그 인간 추진력의 힘과 문제성이 다분한 암시를 무시한 결과라는 것이었다. 어떤 상황에 대해 그리고 프로젝트의 궁극적 성공에 대해 무조건 믿으려는 욕망이 바로 문제의 근원이었다. 두 회사에서는 소수 개인들이 아니라 조직 전체가 이러한 신념에 휩싸여 있었다.

어떻게 그런 일이 일어났을까? 집단신념은 개인적인 신념이 특히 타인의 인식이나 욕망을 재강화할 때 종종 전염성을 띠기 때문에 일어난다. 상황과 절묘하게 어우러지면 그 신념은 프로젝트의 운명을 관장하는 여러 의사결정자들 사이에 쉽게 퍼진다. 바로 그것이 라파즈와 에실로에서 그러한 신념이 효력을 발휘하게 된 연유다.

신념의 출현

애초 맹신자인 프로젝트챔피언이 불굴의 신념을 마음에 품는다. 강력한 증거에 의거하기보다는 종종 감에 의해서 그렇게 된다. 그 다음 다른 이에게 전파한다. 얼마나 빨리, 어떻게 강력하게 퍼지느냐는 많은 요인에 달려 있다. 이들 중 약간은 조직에 의해 좌우되고 약간은 프로젝트챔피언의 개성에 의해 좌우된다. 가령 프로젝트챔피언의 개인적 신뢰감이나 카리스마, 회사 내 사회적 네트워크의 굳건함과 범위 등을 들 수 있다. 실제로 프로젝트챔피언의 위상이 강하면 신념이 이 사람 저 사람에게 금세 퍼져서 프로젝트챔피언과 프로젝트에 대해 잘 알지도 못하는 사람들에게까지 전파된다. 라파즈에서는 신규 프로젝트의 잠재성을 진정으로 평가할 수 없었지만, 그것이 성공할 가능성이 있다는 프로젝트챔피언의 말을 무작정 받아들였다고 2명의 프로젝트 구성원들이 고백했다.

프로젝트에 대한 신념은 궁극적인 성공이 사람들이 열렬히 열망하는 대상이면 더욱더 전염성을 높게 띤다.

에실로와 라파즈에서 두 프로젝트는 중요한 회사 차원의 목표들을 한층 확장시켰다. 에실로에서는 '비전을 위한 연구'의 강력한 기술적 전통을 구현시켜주는 제품의 개발이었고, 라파즈에서는 인수를 통한 성장보다는 유기적인 성장을 이루고자 하는 열망이었다.

프로젝트는 매우 다양하고 심지어 잠재적으로 충돌적이기까지 한 개인적 열망들을 충족시킬 수도 있다. 에실로의 어떤 이들은 자신들이 "경쟁업체를 영원히 제거하게 될" 무언가로서 렌즈를 바라봤다고 고백했다. 또 어떤 이들은 그 프로젝트가 플라스틱 렌즈가 인기를 얻어가고 있는 상황에서 유리 공장의 고용 수준을 유지해줄 것으로 바라봤다고 고백했다. 어떤 고위 임원들은 그 복합 유리·플라스틱 렌즈를 기업문화를 강화시켜줄 방법으로 바라보았다. 에실로는 에실(Essel)이라는 유리 렌즈 제조업체와 실로(Silor)라는 플라스틱 렌즈 경쟁업체의 합병으로 탄생했기에, 두 부서들은 여전히 서로에 대해 경쟁심을 품고 있었기 때문이었다.

라파즈에서 어떤 이들은 새로운 첨가재를 기업 R&D 역량의 명성을 높여줄 방법으로 바라보았다. 또 어떤 이들은 그것을 자재를 만들어내는 것 이상으로 전략적으로 중요한 움직임으로 바라보았다. 두 회사에서 집단신념은 희망과 꿈이 비를 피해 들어 갈 우산이었다. 그래서 그들은 당연히 집단신념을 재강화하기 위해서 협력했다.

신념의 지속

집단신념을 일단 품게 되면 자체적인 영속성을 띠는 경향이 있다. 집단은 반대자를 색출하는 방법을 터득하게 된다. 에실로와 라파즈에서 두 명의 초기 반대자들(에실로의 신입 연구책임자와 라파즈의 광물 충전재 책임자)는 전면 무시되거나, 그들이 제기하는 문제는 경험이나 역량 부족에서 나온 것이라는 말을 듣는다. 이러한 자기검열은 집단에 만장일치와 난공불락의 환상을 심어준다. 이는 결과적으로 개인적인 신념을 지탱하도록 도왔다. 에실로의 한 관리자는 1982년 렌즈가 시장에서 실패한 것이 그의 마음에 의혹을 불러일으켰다고 말했다. 그러나 그는 이것을 거론하지 않기로 하는데, 집단의 명백한 익명성 때문에 곧 그것을 잊었다고 말했다.

재미있는 사실은, 기저에 깔린 신념보다 좌절에 부딪히면 사람들이 더욱더 신념에 매달려서 더욱 열심히 일한다는 사실이다. 에실로 렌즈의 형편없는 시장 실적에도 불구하고, 회사는 팔린 것보다 더 많은 양을 차질 없이 생산하기를 계속한다. 프로젝트 구성원들은 시장 실패가 단지 궁극적인 성공의 서곡에 불과하다고 믿었기 때문에, 그들은 품질개선과 고객을 추구하는 데 있어서 한 관리자가 '가차 없는 기술적 추구'라고 불렀던 모습을 보여주었다.

사람들이 열렬하게 믿는 프로젝트에 대해 감정적 애착이 있는 상태에서 보여주는 이러한 격렬함은 그리 놀랍지 않다. 한 에슬로 관리자가 렌즈의 초기 버전에 대해 말했듯 "그것은 꿈이었고, 꿈은 최정상에서만 실현된다! 제품은 존재했다! 멋졌다." 렌즈 개발의 좌절을 회고하면서 또 다른 관리자는 "우리는 그것을 중단시켜야 하는지 말아야 하는지에 대해서 감히 의심조차 품을 수 없었다. 그건 너무 힘들었다."고 당시를 회고했다.

신념의 결과

프로젝트에 대한 조직의 집단신념이 제기하는 가장 큰 위험은, 일단 프로젝트가 승인되면 실패의 조짐이 보이지 않는다는 점이다. 실패의 조짐은 그저 개발의 다음 단계 이전에 해결되어야 할 문제로서만 보일 뿐이다. 에실로의 관리자들은 렌즈에 대한 지지부진한 초기 수요를 보고서도 시장이 전반적으로 이 문제에 대해 알고 있지 못하다는 것을 망각한 채, 곧 해결될 렌즈 탈착이라는 기술적 문제와 관련된 지엽적 문제로 설명했다. 라파즈의 관리자는 공장을 세우기로 한 결정이, 제품에 대한 유용한 시험 결과가 나온다고 하더라도 아마도 시기상조였다는 것을 알고 있었지만, 모두가 성공할 것으로 확신하는 기업 분위기를 계속 밀고 나가고 싶은 마음이 간절해서 입을 다물고 있었다. 두 회사의 관리자들은 프로젝트에 대한 자신의 신념에서 비롯된 맹목성을 원인으로 언급했다.

집단신념이 정상적인 조직 절차와 안전장치를 갉아먹고 있었기 때문에 이러한 맹목성은 얼마간 지속된다. 프로젝트에 대한 신념이 가져온 열정은 비현실적인 엄격한 개발 시간표로도 이어진다. 에실로는 적극적인 개발 스케줄을 고수하기 위해 몇몇 테스트와 신뢰할 만한 단기 테스트들을 취소했다. 가령 렌즈가 시간이 지나도 얼마나 내구성을 유지하느냐를 알아보기 위한 실험은 2년에서 6개월로 단축되었다. 라파즈가 일정을 준수하려는 열망은 그 첨가재에 대해 필요한 실험이 완수되지도 않은 상태에서 공장 건설을 추진하는 무모한 원동력이 되었다.

맹목적인 열정으로 인해 전체 프로젝트 시기 동안, 제품의 실행 가능성을 검토하는 절차가 해이해지기도 한다. 예를 들어 에실로의 새 렌즈에 대한 내마모성(scratch-resistance) 사양은 제품이 출시된 후 8년이 지난 1990년까지도 결정되지 않았다. 더군다나 널리 퍼진 열정으로 인해 프로젝트는 무비판적인 지지자들로 가득 채워지고 프로젝트팀을 감독하는 일도 그들에 의해 이루어진다.

또한 이러한 요소들은 집단신념을 영속시키는 재강화 사슬을 만들어 낼 수 있다. 의사결정자들이 가지는 프로젝트에 대한 신념은 명확한 의사결정 기준의 부재로 이어지는데, 이는 모호한 정보로 이어지고, 결과적으로 그 의사결정자들의 희망에 찬 생각만 선호하게 되어, 프로젝트의 성공에 대한 그들의 신념을 더욱더 강화하게 된다. 어떤 의미에서 프로젝트는 자체적인 생명력을 갖게 된다.

맹목적 신념의 위험을 피하는 안전책

여러분의 회사에서도 그동안 질질 끌어왔지만 별다른 성과를 내고 있지 못하는 프로젝트들이 당연히 있을 것이다. 지금 현재 거침없이 진척되어 가속화되고 있는 나쁜 프로젝트들도 알고 있을지 모른다. 어떻게 하면 기업은 이런 일을 막을 수 있을까? 가령 어떻게 하면 에실로의 관리자들은 그 복합렌즈 프로젝트가 바리락스 렌즈가 걸었던 성공의 길을 걷지 못할 거라는 사실을 알 수 있을까?

아마 적어도 얼마간은 그렇게 할 수 없을 것이다. 그러나 프로젝트 진행 과정을 평가하고 집단신념의 뒤틀린 효과를 막아줄 수 있는 일들을 많이 시도해 볼 수는 있을 것이다. 그러기 위해서는 프로젝트가 실제로 진행되기 전에 다음과 같은 안전책을 마련해두어야 한다.

박수부대 경계하기

프로젝트팀들은 자체적으로 선발되는 경우가 너무 많다. 대개 프로젝트에 대한 초기 열정을 공유하기 때문에 지원하는 사람들이 팀에 뽑힌다. 그들은 과거에 성공한 프로젝트에 참가하여 협력한 경험이 있을 것이다. 효과적인 방법을 이미 알고 있으며 서로의 행동 패턴에 대해서도 익숙하다. 그러한 사실에 대해서도 그들은 너무도 잘 알고 있다. 그렇기 때문에 예기치 않는 통찰력을 낼 수 있는 어설픈 실수나 오해, 혹은 문제의 조짐은 아무것도 없다. 나타나는 경고 사인이 무시될 수도 있다. 결국 모두가 자신들이 믿는 뭔가에 대해 고착된 상태이다.

또한 프로젝트를 출범시키는 임원들이 의사결정에 직접적으로 참여하게 될 사람들에게 각별히 관심을 기울이면서, 프로젝트팀을 신봉하는 자들과 더불어 회의론자들을 처음부터 함께 이끌고 가는 식으로 프로젝트를 잘 진행시킬 수도 있다. 프로젝트의 과정이 진행되는 동안 어떤 의사결정자들이 다른 이들로 교체되어 프로젝트에 신선한 시각이 주입되기도 한다.

에실로와 라파즈에서 최고 경영진은 맹신자들로만 프로젝트팀을 꾸렸다. 사실, 두 경우의 유일한 초기 비판가들은 다소 우연히 프로젝트에 합류했다. 에실로의 신입 연구 책임자는 렌즈가 만들어질 공장 관리자의 직속상사였기 때문에 합류했고 라파즈의 광물 충전재 책임자는 애초에 다른 일로 고용되었다가 라파즈가 팀을 충원하기 위해 광물과 프로젝트 전문가 두 가지 경력을 갖춘 누군가를 찾기 어려워졌기 때문에 합류하게 되었다. 에실로에서는 대인관계도 한몫했다. 어떤 구성원들은 20년간이나 친구였다. 그래서 그들의 우정을 위협할지도 모를 확고한 비판이 출현하지 않은 채 프로젝트를 더 진척시킨 이유가 되었다.

프로젝트와 관련이 없는 사유인 은퇴, 건강상의 문제, 회사 차원의 연구 파트 재편으로 분위기가 전환될 때만 프로젝트 그룹의 응집력이 붕괴되고, 어떤 반대 수단이 도입되었다.

조기 경보 시스템의 수립

초기부터 프로젝트가 얼마나 흥미진진하거나 중요하건 간에 회사는 프로젝트가 진행되는 각 단계마다 프로젝트 실행 가능성에 대한 통제 시스템이나 기준이 진짜로 작동하는지를 반드시 확인할 필요가 있다. 즉 그것들이 명확하게 정의되었으며 정밀하며, 실제로 부합되는지에 대한 경보 시스템을 반드시 세워야 한다. 에실로나 라파즈 같은 큰 회사들은 전형적으로 모든 종류의 프로세스에 대해 이러한 종류의 효과적인 내부 관리력을 갖추고 있다.

가령 회사가 잠재적 인수를 겪게 될 때 반드시 지나쳐야 하는 '스테이지게이츠(stage gates, 프로젝트의 각 단계마다 경영진의 승인을 획득하기 전에 성공적으로 수행해야 하는 특정한 활동들을 말한다-옮긴이)'를 들 수 있다. 그러나 그들은 영광을 가져다줄 것처럼 보이는 프로젝트의 초기 단계에서는 그러한 체계를 세우는 것을 쉽게 잊을 수 있다. 그렇지 않으면 훌륭한 의사결정을 위한 프로세스를 세운다고 해도 그들은 신규 프로젝트가 안겨주는 흥분에 휩싸여 그런 결과를 무시할 수도 있다.

라파즈의 임원들은 자신들이 계속 진행하여 공장을 세우면서도 자기들만의 의사결정 기준을 고수하지 못했다는 것을 시인한다. 비록 그 기준이 이 일을 명료하고 쉽게 하기에는 모호했지만 말이다. 에실로는 따라오지 않는 발전을 진행하는 동안 렌즈를 테스트하는 몇 가지 명확한 절차를 가지고 있었다. 그런데 부정적인 결과를 낸 테스트 결과는 무시되었다. 한 에실로 관리자가 말했듯 "출시하겠다는 의사결정이 내포되어 있었다. 단지 언제냐의 문제만 남아 있었다."

엑시트챔피언의 역할 인식

프로젝트팀의 집단신념을 흔드는 것은 점증하는 증거가 아닌 개인인 경우가 많다. 불굴의 열의로 프로젝트가 출발이 되면 그것을 상쇄할 수 있는 힘(엑시트챔피언)이 필요하다. 이 엑시트챔피언들은 선의의 비판자보다 더 큰 역할을 한다. 단순히 프로젝트에 대해 문제를 제기하는 데에 머무르지 않고 실제로 문제가 존재한다는 것을 보여주는 객관적인 증거를 찾는다. 이로 인해 그들은 프로젝트의 실행 가능성에 의문을 제기하게 된다. 아니면 확정적인 기존 데이터가 모호하다고 하더라도 그들은 데이터에 근거해서 행동을 취한다. 에실로와 라파즈 두 회사에서 엑시트챔피언(에실로의 신입 연구 책임자와 라파즈의 광물 충전재 책임자)은 프로젝트에 합류 한 뒤 프로젝트의 미래가 희망적이지 않다는 증거를 제시한다. 팀원들은 이따금 등장하는 긍정적인 증거의 단편에만 매달렸다. 팀원들도 나중에 인정했지만 이때 엑시트챔피언이 없었더라면 프로젝트들은 아마도 수개월 혹은 수년 동안 계속 되었을지도 모른다.

프로젝트가 성공적으로 진행되려면 엑시트챔피언이 프로젝트에 직접 관여해야만 한다. 회사의 다른 곳 출신자에게서 부정적인 평가가 나오면 잘못된 정보라거나 조직의 라이벌이라고 치부하기 쉽다. 그러므로 엑시트챔피언은 높은 수준의 개인적인 신뢰를 쌓고 있는 인물이어야 한다. 초기 개발 단계에서 렌즈와 종이 충전재에 대해 의문을 제기한 에실로와 라파즈의 관리자들은 이러한 신뢰감이 부족했다. 에실로의 연구 책임자는 조직 안에서 회의주의자로 알려졌고, 라파즈의 광물 충전재 책임자는 다른 회사에서 온 사람이기 때문에 산업재에 대한 경험이 부족해 보였다. 반면에 그들은 오랜 경력자였고 최고 경영진에게서 좋은 인정을 받은 인물이었다. 또한 둘 다 회사의 여러 수준에서 프로젝트를 접어야 한다는 결정이 서면 지원을 기꺼이 제공할 강력한 인적 네트워크를 갖고 있었다.

어떤 사람들이 기꺼이 그런 역할을 맡으려고 하겠는가? 프로젝트를 접는 일이 엑시트챔피언을 자리에서 몰아내지 않는다고 해도(에실로와 라파즈의 엑시트챔피언들은 프로젝트를 뛰어넘는 책무를 지니고 있었다) 전통적인 프로젝트챔피언과는 달리 그들의 역할은 특권이나 기타 개인적 보상의 방식으로는 거의 보상받는 게 없는 듯하다(두 역할의 차이에 대한 논의는 이 글의 마지막에 있는 '엑시트챔피언과 프로젝트챔피언의 차이' 참조). 사실 엑시트챔피언은 프로젝트 지지자들로부터 불가피하게 적대시된다. 에실로와 라파즈의 엑시트챔피언들은 악당이나 꿈 훼방꾼 등으로 다양하게 묘사되었다.

엑시트챔피언은 자신의 평판을 걸고 프로젝트팀의 동지들로부터 축출될 가능성을 기꺼이 감수할 정도로 두려움을 초월해야 한다. 그들은 단호해야 한다. 에실로와 라파즈의 엑시트챔피언들은 모두 프로젝트들 중단시키려는 첫 번째 시도에서 실패했다. 아마 가장 중요한 점은 가망 없는 프로젝트가 중단되어야 한다고 외칠 수 있도록 엑시트 챔피언들을 독려할 수 있는 동기유발 요소가 있어야 한다는 점이다. 많은 경우 이는 헛된 노력에 대한 날카로운 혐오의 표현 정도가 될 것이다. 내가 연구한 회사의 한 엑시트챔피언이 말했듯 "나 또한 일할 때는 나의 일을 믿을 필요가 있습니다. 무가치한 것에 시간을 허비하기를 원하지 않기 때문입니다."

엑시트챔피언이 최고경영자가 프로젝트를 죽이기 위해 파견한 심복이 아니라는 것을 이해할 필요가 있다. 에실로와 라파즈의 엑시트챔피언들은 분명히 그렇지 않았다. 그들은 단지 전임자들이 회사를 그만두었기 때문에 그 자리에 영입되었고, 프로젝트들이 성공할 가능성이 있는지를 검토했을 뿐이다. 사실, 그들 중 누구에게도 그들 각각의 프로젝트들이 중단되야 한다는 사실이 초기에는 분명하지 않았다. 프로젝트들이 성공하지 않을 거라는 증거가 계속 쌓여가는데도 하드 데이터에 근거한 것이 아니었으므로, 어떤 증거도 결정적이지 않았다.

최고 경영진은 엑시트챔피언을 누군가가 조직 내에서 맡을 수도 있는 확정적인 역할로 인식할 필요가 있다. 그렇지 않으면 엑시트챔피언이 누구인지를 몰라서 필요한 지원을 못하게 될 수도 있다. 그래서 그러한 구원자가 많이 등장할 환경을 조성해야 한다. 회사가 프로젝트챔피언의 대단한 성공에 대해 축하하고 그 성공담을 되풀이하는 것과 마찬가지로 조직에게 수백만 달러를 구해준 대담한 엑시트챔피언을 확인하고 그 이야기를 퍼트려야 한다. 또한 인기 있는 프로젝트에 도전하는 일은 환영받아야 마땅하고 보상까지도 받을 수 있다는 사실을 확실히 해야 한다. 그러나 동시에, 엑시트챔피언에게 프로젝트의 취약성의 강력한 증거를 제시해달라고 요구해야 한다.

우리 회사에는 그런 일이 없을까?

불운한 셀렉타비전의 RCA 경우는 빼고라도, 에실로와 라파즈의 사례는 단순히 어설픈 사업적 판단을 반영하고 있는 것일까? 그들은 단순히 터무니없는 사업 조치만을 취했나? 이러한 상황이 여러분 회사에서는 일어나지 않을까? 장담하지 말라. 그렇게 큰 규모는 아닐지라도 이와 같은 실패담들은 모든 사업에서 흔히 접할 수 있다. 그 이유는 신념은 강력한 감정이고 집단신념은 훨씬 더 강력한 감정이기 때문이다.

분명히 어떤 프로젝트건 초기에 많은 반대 증거에 부딪히므로 강한 신념을 가지고 출발해야 한다. 그러나 프로젝트가 전개되고 투자가 높아져 감에 따라 이러한 신념은 점점 더 자료에 근거해서 검증되어야 한다. 사실 '할 수있다!' 의 경영문화에서 경영자들의 과제는 성공의 핵심 동력으로서의 신념과 프로젝트를 실패로 이끌어갈 수 있는 맹목적 신념을 구분하는 것이다.

:: 그들은 어떤 생각을 하고 있었는가?

프로젝트에 대한 조직의 신념에 대해 사실에 근거하여 어떻게 정확하게 파악할 수 있을까? 에실로와 라파즈에 관한 나의 연구는, 이 글에서 두 프로젝트를 분석한 2년 후에도 수년 동안 진행되었다. 이 연구에는 프로젝트에 관련된 중간 관리자와 고위 임원들의 인터뷰가 수십여 개 들어 있다. 나는 보고서, 메모, 문서, 시험 결과, 마케팅 연구자료, 비즈니스 플랜, 그리고 외부 컨설턴트의 분석과 같은 기업 문서도 참고했다. 마지막으로 프로젝트에 대해 다른 견해를 가지고 있던 각 회사의 중역 두 명에게 내가 마련한 프로젝트 역사의 긴 요약을 검토해달라고 부탁했다.

사실을 오랫동안 추적하는 사건들은 당시의 조사에서는 나오지 못하는 시각을 전해줄 수 있다. 그렇다고 그 사람들의 인식이나 결론이 프로젝트의 결과가 알려졌기 때문에 채색되었을 것이라 여기면 안 된다. 이를 막기 위해 모든 기술적 평가들은 프로젝트가 진행되는 동안에 서면으로 작성된 문서에서 가져왔다. 인터뷰에서도 나는 당시에 어떤 의견과 감정을 가지고 있었는지를 물었지, 지금 어떻게 생각하고 있느냐를 묻지 않았다. 나중에 나는 서면 기록과 인터뷰 자료를 교차 점검했다. 일치하지 않는 사항이 발견되면 나는 자료의 일관성을 띠기 위해 더 많은 세부 사항을 묻기 위해 피면담자들을 다시 면담했다.

:: 엑시트챔피언과 프로젝트챔피언

에실로와 라파즈의 사례에서 프로젝트챔피언들은 프로젝트에서 성공적으로 플러그를 뽑은 엑시트챔피언들에 모두 반대했다. 두 경우에서 모두 공식적인 대면은 일어나지 않았지만, 프로젝트챔피언들은 엑시트챔피언들의 의도에 대해 다른 프로젝트 참가자와 함께 의문을 제기했다.

그러한 갈등의 표출은 많은 방식에서 프로젝트챔피언과 엑시트챔피언의 역할이 유사하기 때문에 흥미롭다. 프로젝트챔피언이 없이는 혁신을 시행하기 어렵듯이 엑시트챔피언이 없이는 실패하고 있는 프로젝트를 중단시키기 어렵다. 사실 이러한 역할을 맡는 사람들의 성향도 흡사하다.

프로젝트챔피언과 엑시트챔피언은 모두 진취성을 보여주어야 한다. 그들은 정의상으로 진취성을 부여받는 게 아니고 역할상으로 진취성을 떠맡는다. 그래서 그들은 자신들이 부딪히는 장애물과 어쩔 수 없는 회의주의를 극복하기 위해 매우 정력적이고 단호할 필요가 있다. 유사한 성격적 특성을 고려하면 내가 연구한 많은 회사에서 많은 엑시트챔피언들이 다른 분야에서는 프로젝트챔피언들이었다는 사실이 놀랍지 않다.

프로젝트챔피언과 엑시트챔피언 사이의 차이는 고유한 성질에 의해 드러난다. 프로젝트챔피언은 반드시 불확실성과 모호성의 환경에서 활동해야 하는 반면, 엑시트챔피언은 모호성을 제거해야 한다는 점이다. 그들은 맹신자의 반대를 극복하기에 충분한 확신할 수 있는 하드 데이터를 수집해야만 한다. 프로젝트를 접을지 말지를 결정하는 데에 필요한 확실한 기준도 마련해야 한다. 기존의 절차에 그러한 기준이 들어 있지 않을 때는 새로운 데이터에 대한 평가 기준에 대해 서로가 동의할 필요가 있다. 그렇지 않으면 의사결정에 대해 의견일치에 도달하는 것은 거의 불가능하다. 따라서 프로젝트챔피언은 종종 절차를 위반하는 데에 반해, 엑시트챔피언은 전형적으로 절차를 도입하거나 재건한다.

프로젝트챔피언의 명성은 실패한 프로젝트로 판가름 날지도 모르는 것을 선택할 때 위기에 처해진다. 엑시트챔피언의 명성도 위기에 놓일 수 있지만 그 위험은 성격이 다르다. 프로젝트챔피언은 프로젝트가 결국 실패할 때 비로소 확실해지는 장기적인 위기에 직면한다. 엑시트챔피언은 인기 있는 프로젝트에 도전하는 데서 오는 직접적인 위기에 직면한다. 실제로 엑시트챔피언이 결국 옳았다고 판명 나는 한이 있어도 그 위기는 존재한다.

4

리더가 알아야 할 팀 학습 관리법

에이미 에드먼슨
Amy Edmondson

리처드 보머
Richard Bohmer

개리 피사노
Gary Pisano

심장수술은 현대 의학의 기적으로 꼽힌다. 주방보다 크지 않은 수술실에서 수술팀이 손상된 동맥이나 심혈판을 치료하고 교체하는 동안 환자는 기능상으로는 죽은 상태가 된다. 수술시마다 팀에는 놀라운 팀워크가 요구된다. 손가락 하나만 까닥 잘못해도 엄청난 비극을 불러올 수 있다. 수술팀은 오늘날의 비즈니스 성공에 절대적으로 중요한 다기능팀과 조금도 다르지 않다.

오늘날 팀 운영의 과제는 단순히 기존의 프로세스들을 효율적으로 이행하는 것이 아니다. 새로운 프로세스를 수행하는 것이다. 그것도 가급적 신속하게 말이다. 그러나 새로운 기술이나 새로운 비즈니스 과정을 채택하는 것은 어떤 산업이냐에 상관없이 매우 복잡다단하다. 에드먼슨, 보머, 피사노는 어떻게 16개 의료기관의 수술팀이 심장수술에 어려운 새 절차를 도입했는지를 연구했다. 병원이라는 배경이 팀 학습을 촉진하기에 이상적이기도 했다.

연구자들은 가장 성공적인 팀은 집단의 학습 노력을 활발하게 관리하는 리더가 있는 팀이라는 사실을 밝혀냈다. 신기술을 성공적으로 받아들이는 팀은 세 가지 기본 특성을 띠고 있었다. 첫째, 학습에 대해 계획성을 갖고 접근했다. 둘째, 리더가 과제의 틀을 짜서 팀원들에게 학습에 대한 높은 동기의식을 불러일으켰다. 셋째, 심리적 안정감을 주는 환경이 커뮤니케이션과 혁신의 분위기를 조성했다.

팀에서 학습을 명확하게 관리하면 학습 능력을 촉진시킬 수 있다는 발견은 경영의 많은 영역에 과제를 던져준다. 그간 팀 리더는 관리 기술보다는 기술적 전문성에 의해 선발되는 경향이 있었다. 그러나 팀 리더는 학습 환경 조성에 정통해야 하므로 고위 경영자는 팀 리더를 선발할 때 이질적인 전문가들로 이뤄진 팀에게 동기를 부여하고 관리할 수 있는 능력을 참작해야 한다.

성공하는 팀에는 팀 학습을 관리하는 리더가 있다

우리는 16개 주요 의료기관에서 심장수술을 하는 수술팀이 어떻게 어려운 새 절차를 도입했는지를 연구했다. 거기에서 우리는 팀 성과의 주요 결정 요인 중 하나를 발견했다. 바로 팀이 새로운 업무 방식을 받아들이는 능력이었다. 이를 기업 무대로 옮기면 팀은 성과 개선을 위해 계획된 새로운 기술과 프로세스를 배워야만 한다. 그러나 상황은 늘 핑크빛이 아니다. 팀원들은 깊게 뿌리박혀 있는 패턴에서 벗어나기 어려울 것이고, 새로운 역할과 커뮤니케이션 요구 사항에 적응하느라 고생스러울 것이다.

예를 들어 제품개발팀이 컴퓨터디자인 툴을 하나 채택하면 디자이너, 테스트엔지니어, 프로세스엔지니어, 심지어 마케터들까지 그 기술을 배워야 한다. 그러나 그들은 개별적인 기여를 한 프로젝트 파편들을 넘겨주는 게 아니고 공동으로 협력해서 완전히 새로운 관계를 만들어내야 하고 거기에 익숙해져야 한다.

대부분의 팀은 시간이 흐르면 새로운 임무나 프로세스에 익숙해진다. 그러나 시간은 극히 일부 팀만이 가질 수 있는 사치이다. 새로운 것을 도입하는 데에 행동이 느리다면 아직 학습 단계에 머물러 있는데 경쟁자들은 벌써 신기술의 혜택을 수확하고 있을 것이다. 심지어 여러분이 드디어 작업에 통합시킨 기술이 더 새로운 기술에 밀려나는 것을 보게 될 것이다. 오늘날 팀 운영의 과제는 기존 프로세스를 효율적으로 이행하는 것이 아니라 새로운 프로세스를 실행하는 것이다. 그것도 가능한 한 빨리.

병원에서나 회사에서나 팀 학습을 촉진시키는 일은 쉽지 않다. 우리가 연구한 팀 중 한 외과의사가 찡그리면서 새로운 외과적 절차를 "환자에게서 의사에게로의 고통의 전이"로 표현했다. 이게 당연한 말로 느껴진다면 그 중 어떤 것은 팀 학습에 도움이 되고 또 어떤 것은 도움이 안 된다는 사실에 놀라게 될 것이다. 중요한 교훈은 가장 성공적인 팀은 팀 학습 노력을 적극적으로 관리하는 리더를 지녔다는 것이다. 이 발견은 팀 리더를 선발할 때 관리 능력보다는 기술적 전문성을 감안하는 많은 비즈니스 영역에 문제를 제기해준다.

수술팀의 팀워크

전통적인 심장수술은 전형적으로 2~4시간이 소요되는데 4인 의사 팀이 신중하게 편성된 업무 패턴으로 전문화된 장비를 통합시킨다. 외과의사와 보조원은 소독간호사, 심장 마취전문의, 체외순환사(심장과 폐의 기능을 넘겨받는 바이패스 기계를 돌리는 기술자)의 보조를 받는다. 일반적인 심장수술팀은 1년에 수백 건의 개심수술을 실시한다. 결과적으로 수술

시에 필요한 개인 작업들이 패턴화되어서 수술 과정 중 새로운 단계가 시작되었다는 신호를 받을 필요가 없다. 그냥 얼굴을 서로 쳐다보는 것만으로도 충분하다.

개심수술은 무한한 생명을 구해왔지만 가슴을 열고 흉골을 갈라야 하는 수술로 환자는고통을 호소하고 긴 회복 기간이 소요된다. 그러나 최근 등장한 신기술 덕분에 의사들은 '최소 침습 심장수술'을 실시하게 되었다. 그 수술은 의사가 늑골 사이를 비교적 작게 절개하여 작업하는 것이다. 1990년대 말 여러 병원에서 도입한 이 수술 방법은 수천 명의 환자들에게 더 신속하고 더 쾌적한 회복을 약속해왔다. 그리고 그 수술법을 채택하는 병원들에게는 잠재적인 경쟁우위를 안겨주었다(그 절차에 대한 설명은 이 글의 마지막에 있는 '심장수술의 신기원' 참조).

비록 수술대와 의료진은 바뀌지 않았지만 신기술 때문에 수술팀 작업의 성격은 크게 바뀌었다. 분명한 것은 팀원들이 모두 새로운 업무를 배워야 한다는 사실이었다. 의사는 이제 더 이상 절개할 수 없는 가슴을 앞에 두고서 눈에 보이는 큐 사인 없이 수술을 집도해야 한다. 마취전문의는 이전에는 심장수술에서 쓰인 적이 없는 초음파 영상 장비를 사용해야 한다. 이러한 새로운 업무를 익히는 일은 도전 정도가 아니다. 새로운 절차를 익히는 일은 옛날 패턴을 잊어버리고 새로운 패턴을 학습할 것을 요구한다. 그리고 익숙했던 일들의 순서가 바뀐다.

새로운 기술은 팀원들 간에 상호 의존과 커뮤니케이션을 더욱더 요구하는 점도 야릇하다. 가령 예전에는 의사가 눈과 감각으로 환자의 심장에 대한 정보를 얻었는데, 이제는 그의 시각 영역 밖에 있는 모니터의 디지털 자료 판독과 초음파 영상을 통해 정보가 전달된다. 따라서 의사는 수술실의 엄격한 위계질서 속에서 명령 전달자였던 역할에서 벗어나 팀원들에게 정보를 의존하는 입장으로 바뀌게 된다.

신속화 요인 분리하기

우리 연구한 16개 팀은 이러한 까다로운 새로운 절차를 채택한 팀들이었다. 절차가 복잡했기에 그들은 수술 수행의 매 단계를 점검하고 이중 점검하는 데에 대단한 주의를 기울였다. 그 결과 사망률이나 복잡성이 종래의 수술 절차보다 높아지지는 않았다. 그러나 수술 시간이 너무 오래 걸렸다. 우리가 연구한 모든 병원에서 이 새로운 기술을 사용한 수술들은 처음에는 종래의 개심수술보다 2~3배나 더 오래 걸렸다.

수술 시간은 심장수술에서 매우 중요하다. 수술 시간이 길어지면 환자는 위중 상태에 빠지고, 수술팀은 정신적 육체적으로 긴장감에 빠질 수 있기 때문이다. 그리고 심장수술에 대한 가동 시간 비용과 이익마진이 비교적 높기 때문에 현금 사정이 안 좋은 병원은 매일 심장 수술 횟수를 가능한 한 높이고 싶어 한다.

여러 병원의 팀들은 새로운 수술 절차를 익히려는 노력 끝에 수술 시간을 단축시킬 수 있었다. 여기에서 우리는 학습의 핵심 신조 중 하나를 엿볼 수 있다. 뭔가에 노력을 기울일수록 발전은 일어난다. 그러나 놀라운 사실이 우리 연구에서 나타났다. 수술 시간 향상의 속도가 팀마다 판이하게 달랐다는 점이다. 그래서 우리는 특정 팀을 연구해서 그들이 다른 병원의 상대 팀보다 수술 시간을 현저히 단축시킬 수 있었던 비결을 찾아내는 것을 목표로 세웠다.

새로운 기술을 채택하여 익히는 심장팀은 팀은 왜 학습을 하며, 왜 어떤 팀의 학습 속도는 다른 팀보다 더 빠른가를 연구할 수 있는 이상적인 실험실을 제공해주었다. 우리는 16개 의료기관에서 최소 침습 심장수술을 받은 660명의 환자에 대해 상세한 데이터를 수집했다. 또한 그 기술을 채택하는 데에 연관된 모든 임직원들과도 개인적인 면담을 실시했다. 그 다음에는 수술 유형이나 환자 상황과 같이 수술 시간에 영향을 미칠 수 있는 변수들을 적용하면서 얼마나 빨리 수술 시간이 절약되는지를 분석하기 위해 표준적인 통계 방법을 사용했다. 이런 방법과 기타 데이터를 사용하여 각 병원의 기술 도입 노력을 측정했다.

종래 심장수술을 할 때 널리 받아들여지는 의례를 따르고 표준화된 기술을 사용했던 팀들은, 새로운 절차를 채택하고 나서도 공통된 기준의 실행과 규범을 가지고 출발했다. 그리고 신기술에 대해 3일간의 훈련 프로그램을 똑같이 밟았다. 그들의 종래의 업무 실행도 같았고 새로운 과제에 대한 준비도 같았기 때문에 우리는 팀이 그 기술을 비교적 빠르게 채택할 수 있게 해주는 '신속화 요인'을 집중적으로 연구할 수 있었다.

실시간 학습의 중요성

어떤 일을 신속하게 만드는 요인들이 팀 학습 속도를 촉진시키는 일에서는 큰 중요성을 띠지 않는다는 사실에 우리는 놀랐다. 가령 학력, 외과 경험의 다양성은 학습곡선과 상관이 없었다(두 의료기관 팀을 비교하기 위해 이 글의 마지막에 있는 '두 병원의 이야기' 참고).

우리는 조직이 새로운 기술과 프로세스를 채택하는 방식에 대해 몇 가지 귀중한 개념을 은연중에 알려주는 증거를 밝혀냈다. 첫째, 최소 침습 기술에 대한 높은 지원 수준은 병원의 기술 실행 성공에 결정적인 영향을 미치지 않는다는 점이다. 어떤 병원에서는 고위 관리자로부터 강력한 재정적 지원이 있었는데도 성공적이지 않았다. 반면에 부족한 지원을 받았지만 엄청난 성공을 거둔 팀도 있었다. 한 외과의사는 초기에 병원 운영자들에게 새로운 절차가 도입되어야 하는 이유를 설득하는 데에 어려움을 겪었다. 병원 운영자들은 그 새로운 절차가 의사에게는 득이 되지만 과로하는 병원 임직원들에게는 짐이 되는 시간 소모적인 고민거리로 보았다.

팀을 이끄는 의사의 지위는 별 차이를 내지 못했다. 전통적인 시각에서는 새로운 기술과 프로세스를 시행할 팀에는 조직에서 영향력 있는 리더가 한 명쯤은 포함되어 있어야 한다고 여긴다. 그러나 우리는 막강한 부서장이나 세계적으로 저명한 심장외과의가 팀에 새로운 수술 패턴을 적응시키지 못하는 상황을 확인했다. 그런데 한편에서는 신기술을 옹호한 비교적 젊은 의사들이 고위 관리자들의 지원이 없이도 팀의 학습곡선을 가파르게 상승시켰다.

결국, 팀 학습의 핵심으로 종종 언급되던 검사, 감사, 사후보고 등은 우리가 연구한 팀들의 성공이나 실패에서 중요한 영향을 미치지 않았다. 사실 수술팀 중에 업무에 대해 규칙적으로 그리고 공식적으로 검토할 시간을 충분히 가진 사람들은 거의 없었다. 한 병원에서는 그러한 검토를 보통 밤중에 중국 음식을 시켜 먹으면서 했다. 실행 데이터를 모으고 그 데이터를 소급하여 분석한 학구적 의료센터가 있었는데, 그 병원의 팀들은 수술 속도를 개선하지는 못했다. 대신 우리가 관찰한 성공한 팀은 수술 도중에 프로세스를 분석하고 거기서 교훈을 이끌어내는 실시간 학습을 실시한 곳이었다.

학습팀을 창조하라

우리는 팀 학습의 성공은 팀이 구성되는 방식과 팀이 경험에 의지하는 방식에 달려 있다는 것을 발견했다. 즉 팀의 설계와 경영에 달려 있었다. 새로운 절차를 가장 빨리 배우는 팀은 세 가지 기본적 특성을 지니고 있었다. 첫째, 그들은 학습에 대해 계획성이 있었다. 둘째, 팀 리더가 팀원들의 학습 동기의식을 북돋는 과제를 구성해서 냈다. 셋째, 리더의 일거수일투족이 팀의 커뮤니케이션과 혁신을 촉진하면서 팀 내에 심리적 안정감이 감도는 환경을 조성했다.

학습팀 설계

보통 팀 리더는 팀의 구성원을 선발하고 집단 내 기술과 전문성을 결합하여 어떤 결단을 내리는 데에 상당한 재량권을 발휘한다. 그러나 우리가 연구한 팀(심장수술의, 마취전문의, 체외순환사, 소독간호사)에는 그러한 여유가 없었다. 그러나 전문성을 지닌 특별한 개인을 선발할 기회를 이용할 줄 아는 리더는 큰 수확을 거두었다.

단적인 예로 리더들은 팀원을 선택할 때 프로젝트와는 거의 상관없이 뽑기도 했다. 병원에서 새로운 절차를 훈련시키기 위해 선발된 구성원들은 훈련 기간 중 주말 시간에 참여할 수 있는 이들이었다.

그런데 몇몇 팀에서는 인원 선발이 연대적으로 신중하게 이루어졌다. 가령 마취전문과 책임자는 심장외과로부터 중요한 추천을 받은 다음 마취전문의를 선발했다. 인원 선발은 능력에만 의거하지 않고 다른 팀원과 협력할 수 있는 능력, 새롭고 불확실한 새로운 상황을 다룰 수 있는 적극성, 높은 지위의 팀원에게 제안할 때 보여줄 수 있는 자신감 등의 요소도 참작하였다.

　팀 설계의 또 다른 주요 측면은 기능의 대체 능력이었다. 종래의 수술에서는 수술 파트의 모든 구성원들이 특정 파트의 일을 똑같이 할 수 있다는 가정 하에 팀원들이 서로 대체되곤 했다. 추가 팀원들을 훈련하면 새로운 절차를 사용하는 수술에 투입될 수 있기는 했지만 그럴 경우 비용이 들었다. 복잡한 환자들에 적용할 수 있는 평균 수술 시간의 단축은 애초의 팀을 고스란히 유지하는 병원에서 훨씬 빨라졌다.

　새로운 절차를 채택한 후에 소독, 마취, 체외순환을 맡은 사람들을 추가하여 훈련시킨 한 병원에서는 팀의 구성원이 수술 때마다 달라졌다. 그래서 그때마다 팀들은 처음부터 협력하는 법을 배워야 했다. 열번째 이런 실수를 반복한 후에야 의사는 매번 새로운 절차를 수행할 때에도 고정된 팀을 요구했다. 그러자 수술은 순조롭게 진행되었다.

과제 구성

　새로운 기술을 성공적으로 도입한 팀의 리더들은 팀원과 새로운 절차를 논의할 때 그것을 기술적 과제가 아닌 조직적 과제로 채택하는 특징을 보였다. 그들은 개인적으로 새로운 기술을 받아들이는 데에 있어서 새로운 협력 방법을 도모하는 일의 중요성을 강조했다. 그들은 업무 협력 관계를 재구성하는 일에는 팀원들의 공헌이 필요하다는 사실을 분명히 했다.

　새로운 절차의 어려움 때문에 초기에는 심장수술이 평소보다 더 막중한 중압감을 느끼게 하는 것이 사실이다. 그러나 많은 의사들은 오히려 중압감의 존재를 인정하지 않았고 팀원들이 중대한 새로운 도전을 받아들이고 습득하도록 도와주지 못했다. 대신 그들은 새로운 시도를 그간의 판에 박은 수술 절차에 추가할 기술 요소로만 여겼다. 한 의사는 이렇게 말했다. "여기서 뭐가 새롭다는 건지, 나는 모르겠어요. 수술의 모든 기본 요소들이 이미 여러 해 전에 나온 것들이거든요." 이런 시각은 팀원들 사이에 좌절감과 저항으로 이어졌다. 어떤 의사는 그 절차가 의사들에게 버거운 기술 도전이라고 표현했는데 그를 보조한 간호사는 이 새로운 수술 절차를 다시 따르느니 손목을 째는 게 낫겠다고 씁쓸한 우스갯소리를 하기까지 했다. 이런 식의 태도는 우리가 면담한 많은 이들에게서 엿보였다.

하지만 모두 다 이런 태도는 아니었다. 어떤 병원의 임직원이 표현했듯이 '새로운 기술에 참여'하는 일에 사람들은 흥분했다. 어떤 간호사는 팀 구성원이 되어 영광이라고까지 했다. 개중에는 "환자들이 회복되는 것을 보는 것이 신나서"라고 말한 이들도 있었다. 새로운 도전에 대해 긍정적 태도를 지닌 팀 리더는 그 임무가 어렵다는 점을 분명히 인정하면서 구성원의 기여의 중요성을 강조했다. 환자에게서 수술팀으로 고통이 전이된다고 말한 의사는 이 학습 과제에서 모두가 부딪히는 좌절감을 가벼운 농담으로 강조함으로써 팀의 학습을 도왔다.

심리적으로 안정된 환경 조성하기

개인 학습보다 팀 학습은 더 많은 시행착오를 통해 이루어진다. 구성원 사이에 접촉이 많아지기 때문에 잘 짜인 훈련 프로그램과 폭넓은 개인적 준비에도 불구하고 팀이 임무를 처음부터 순조롭게 수행하기는 매우 어렵다. 팀 학습을 촉진시킨 우리의 연구 대상 팀들은 환자를 위험에 빠뜨리지 않으면서 수술 시간을 절감하려는 다양한 노력을 시도했다. 팀 구성원들은 팀의 실행 능력을 개선하기 위해 새로운 방식을 실험하는 중요성을 강조했다. 새로운 방식의 일부분이 잘 들어맞지 않는다는 게 밝혀진 상황에서도 그랬다.

이미 언급했듯이 이렇게 실행 속에서 배우는 것이 종종 조직학습에서 핵심으로 권유되는 사후분석보다 훨씬 더 효과적인 것으로 드러났다. 실시간 학습은 팀원이 공식적인 검토 기간을 기다리는 동안 잊어버릴 수도 있는 통찰력을 제공해준다. 가령 병원에서 수술이 진행되는 동안 한 간호사가 그동안 잘 안 쓰던 집게를 쓸 것을 제안해서 외과적 문제를 해결한 적이 있었다. 거의 망각되었던 그 의료 장비의 사용은 바로 그 팀의 수술 양식이 되었다.

개인이 학습할 때는 뭔가를 제안하고 실시해본 다음, 그것을 받아들이거나 거부하는 시행착오 절차가 개인적으로 일어난다. 그러나 팀에서는 사람들이 새로운 것을 제안하거나 시도할 때 무지하거나 무능력해 보이는 위험을 감수해야 한다. 이것은 기술 도입 시기에 특히 더하다. 신기술들은 기존 '전문가' 들의 많은 기술을 무력하게 만들기 때문이다. 그러므로 이런 새로운 상황에 당황하는 두려움을 없애는 것이 실시간 학습을 위한 상호 커뮤니케이션에 필요하다.

제안을 해보고, 실패할지도 모를 일들을 시도해보고, 편안하게 잠재적인 문제들을 지적할 수 있는 구성원들로 구성된 팀은 새로운 절차를 성공적으로 학습한다. 반면에 구성원들이 이렇게 행동하기가 쉽지 않다고 느낄 때는 학습 과정이 억눌려진다.

공식 학습에서 팀원들에게 새로운 기술을 사용하는 동안 관찰한 것, 우려 사항, 의문점들을 발언하라고 시켜도 그러한 피드백은 자주 일어나지 않았다. 한 팀원은 자신이 절대 위기의 상황이라고 생각한 것을 지적했는데 그에 대해 비판만 받았다고 했다. 한 간호사가 언급한 상황이 전형적으로 일어난다. "의료 절차에 문제의 소지가 있는 것을 관찰했다면 말을 할 의무가 있지만 시간을 잘 선택해야 한다. 문제를 말할 때는 의사 가까이에 있을 때 그의 보조원을 통해 말해야 한다."

그런데 팀 중에는 심리적으로 안정된 분위기를 분명하게 조성한 팀도 있었다. 어떻게 했을까? 팀 리더인 의사의 말과 행동을 통해서이다. 수술실에 분명한 위계질서가 있는데도 한 병원의 의사는 팀원의 선발 기준이 기술만이 아니라 그들이 수술 과정에 대해 제안해줄 수 있는 능력이었다는 말을 팀원들에게 전했다. 어떤 의사는 "나는 어떤 일을 잘못 보고 지나칠 수도 있으니까 여러분이 의견을 들려주어야 해요."라고 반복적으로 말했다고 한다. 이런 말을 반복하는 것은 중요하다. 그런 말을 단한 번만 들을 경우에는 팀원들이 옛날 규범과 상반되는 메시지를 진심이라 생각하지 않을 수도 있기 때문이다.

학습 분위기를 조성하는 리더

우리 연구는 심장수술 환경에 대해 집중되어 있지만 거기서 나온 발견은 수술실을 뛰어넘어서도 적용될 수 있다는 점을 짐작할 것이다. 모든 종류의 조직이 우리의 연구 대상이던 수술팀이 부딪힌 것과 유사한 문제들을 겪는다. 새로운 기술이나 새로운 비즈니스 프로세스를 채택하는 일은 매우 힘든 과정이다. 우리의 수술 팀에서처럼 처음 새로운 기술을 채택하는 비즈니스 팀은 학습 곡선을 잘 다루어야만 한다. 그 학습은 기술적인 것에 그치면 안 되고 지위의 문제, 커뮤니케이션, 행동 패턴 등의 문제를 해결하는 조직적인 성격을 띠어야 한다.

예를 들어 ERP(Enterprise Resource Planning, 전사적 자원 관리)시스템을 도입하려면 데이터베이스를 구성하고, 조직 기준을 설정하고, 주어진 하드웨어 플랫폼에서 소프트웨어가 확실하게 적절하게 돌아가게 만드는 등의 많은 기술적인 일들이 수반된다. 그러나 많은 기업에서 어려워하는 부분은 이런 기술적인 측면이 아니라 ERP시스템이 팀 관계와 패턴, 즉 조직역학을 완전히 뒤바꾸어버린다는 사실이다. 우리 연구가 보여주듯이 팀이 어떻게 의사결정을 하고, 누가 누구에게 언제 보고를 해야 하는지를 터득하는 데에는 시간이 걸린다. 사람들이 의사를 표현하는 데 불편해한다면 시간은 더 오래 걸릴 것이다.

경영팀과 수술팀 사이에는 또 다른 유사점이 존재한다. 경영팀은 종종 특정 분야의 기술 능력이나 전문성 때문에 선발된 사람들로 구성된다. 뛰어난 엔지니어가 제품개발 프로젝트에 발탁되고, IT 전문가가 시스템 도입에 발탁되는 식이다. 이런 전문가들은 종종 스스로를 심장 전문의와 비슷한 위치라고 느낀다. 팀을 성공시키려면 그들은 단순한 전문가로 그치면 안 되고 팀을 학습 단위로 이끌 수 있는 리더로 자신을 변화시킬 수 있어야 한다.

팀이 학습을 명확하게 관리한다면 팀 학습이 확실하게 촉진된다는 우리 연구의 핵심 발견은, 많은 팀 리더에게 새로운 부담을 막중하게 안겨준다. 리더는 기술적 전문성을 유지하는 일 외에도 학습을 위한 환경을 조성하는 능력도 뛰어나야 한다(이 글의 마지막에 있는 '학습 리더 되기' 참조). 이것은 수술팀 파트너로서의 역할을 하려고 독재적 권위를 포기한 의사들처럼 그들 역시 전통적인 지위의 함정을 털어버릴 것을 요구한다.

이렇게 팀 리더의 행동과 역할이 팀 학습에 중요하기 때문에 리더를 선발하는 임원 역시 인재 채용 방법을 달리해야 한다. 예를 들어 팀의 과제를 순수하게 기술적인 것으로만 본다면 리더를 선발할 때 오로지 기술적 능력만 참작할 수 있다. 그러나 이럴 때는 최악의 경우 큰 비극을 낳을 수 있다. 우리는 대인관계 기술도 없이 그저 자리만 차지하고 있는 기술관료들을 너무도 잘 알고 있다. 그들은 다른 쪽으로도 큰 실책을 범할 위험이 있다. 기술적으로 능력은 있을지 모르지만 부실한 의사결정을 할 뿐 아니라 팀에게 동기를 부여하는 일을 잘 못할 수도 있다. 그래서 고위 경영자는 팀 리더를 선발할 때, 기술적인 능력뿐 아니라 이질적인 전문가들로 구성된 팀에 동기를 유발해서 그들이 성공에 필요한 기술과 행동을 잘 배울 수 있도록 학습 분위기를 조성할 만한 관리 능력이 있는지를 반드시 확인해야 한다.

:: 심장수술의 신기원

우리가 연구한 최소 침습 심장수술은 기존 심장수술의 변형이지만, 수술팀이 협력하여 일해야 하는 급진적인 새로운 접근법이다.

일반적인 심장수술은 3단계로 이루어진다. 첫째, 가슴을 열고 심장을 멈추게 한다. 둘째, 심폐 바이패스 기계 위에 환자를 눕히고 손상된 관상동맥이나 심혈판을 치료하거나 교체한다. 셋째, 바이패스로부터 환자를 떼어놓고 가슴 상처 부위를 닫는다.

그런데 1990년대 말에 시작되어 100군데가 넘는 병원에서 채택한 최소 침습 기술은 흉골을 통해 절개하는 대신 다른 방법으로 심장에 접근하는 대안적 방법을 제공해준다. 의사는 늑골 사이의 절개 부위를 통해 심장을 수술할 수 있는 특별 장비를 사용한다. 그 절개 사이즈 때문에 여러 가지 방식으로 개심수술의 양식이 바뀌었다. 우선 의사가 심하게 제한된 공간에서 수술을 해야 한다는 점이다. 또 하나는 환자를 바이패스기로 연결하는 튜브들이 절개부위를 통해 심장에 직접 삽입되는 대신 서혜부 동맥과 정맥을 통해서 관통되어야만 한다는 것이다. 그리고 부풀어진 벌룬이 있는 작은 도관이 몸의 주요 동맥인 대동맥에 관통되어서 벌룬이 내부 겸자로 기능하도록 부풀어져야 한다. 전통적인 심장수술에서 대동맥은 열린 가슴에 삽입되는 외부 겸자로 차단된다.

내부 겸자를 배치한다는 말은 새로운 절차에 참여하는 팀원들 간에 더 긴밀한 협력이 이루어져야 한다는 의미다. 벌룬이 삽입될 때 마취의는 초음파를 사용해서 그 길을 모니터하면서 의사와 신중하게 보조를 맞춰야 한다. 의사는 도관을 보거나 느낄 수 없기 때문이다. 벌룬이 올바르게 자리를 잡는 것이 절대 중요하며 그 위치의 오차 범위는 매우 낮다. 벌룬 클램프가 일단 자리 잡으면 간호사와 체외순환사를 포함한 팀원들은 그것이 반드시 제자리에 잘 남아 있도록 모니터해야 한다.

"혈압이 끊임없이 모니터되어야만 합니다."라고 우리가 면담한 간호사는 말했다. "체외순환에 관해 커뮤니케이션이 절대 중요해요. 교육 매뉴얼을 읽을 때 믿을 수가 없었죠. 표준적 상황들과 너무도 달랐으니까요."

새로운 수술 절차를 채택하는 시간이 예상보다 오래 걸렸다는 것은 어찌 보면 당연하다. 그 기술을 개발한 회사에서는 수술팀이 기존 수술과 같은 시간 안에 새 수술을 마스터할 수 있을 때까지는 약 8번의 수술을 해보아야 할 것이라고 추정했다. 그러나 우리가 연구한 바에 따르면 가장 빨리 학습한 팀의 수술 횟수는 실제로는 거의 40회에 가까웠다.

:: 두 병원 이야기

첼시아(병원명은 익명임) 병원에서 최소 침습 수술 절차를 도입한 팀의 리더는 새로운 기술에 대해 놀라운 전문성을 지닌 저명한 심장 외과의였다. 그런데 이렇게 이점이 많은데도 불구하고 그의 팀은 새로운 수술 기술을 다른 병원 팀보다 훨씬 느리게 배웠다. 최소 침습 절차를 도입한 또 다른 팀에는 마운튼 메디컬 센터도 들어 있었는데 이 팀의 리더는 새로운 기술의 시도에 대해 적극적이긴 했지만 비교적 서열이 낮은 의사였다.

앞선 요소로서의 새로운 기술
첼시아 병원은 우리의 연구가 진행될 당시 심장 외과의 새로운 외과과장을 방금 전에 고용한 학문적인 의료센터이다. 그는 새로운 기술을 채택하는 것을 이상적인 선택으로 보았다. 다른 병원에서 새로운 절차를 사용한 적이 있었기 때문이었다. 첼시아 운영자들은 새로운 기술에 투자하자는 의사의 제안을 지지했고, 마침내 공급 회사의 공식 훈련 프로그램에 팀을 보내기로 했다.
그러나 의사는 팀을 선발하는 데에 아무런 역할도 하지 않았다. 팀은 직위에 따라서 구성되었다. 그는 첫 번째 수술 전에 실시된 수술 예행연습에도 참석하지 않았다. 나중에 그는 자신이 여러 해 동안 대동맥에 벌룬을 놓는 경험을 쌓았었기 때문에 그 기술이 특별히 어려워 보이지 않아서 그랬다고 해명했다. 그는 "나를 훈련하는 일이 아니었고 팀을 훈련하는 시간이라서 참석하지 않았다."고 했다. 그렇게 실시된 훈련은 그가 팀과 커뮤니케이션 하는 방식에 전혀 변화를 가져오지 않았다. 그는 "저는 일단 팀을 구성하면 팀을 쳐다보지 않아요. 모든 것을 알아서 처리하는 것이 그들의 몫이지요."라고 말했다.
그러나 예상과는 달리 모든 팀원들이 새로운 기술을 마스터하는 데에 어려움을 느끼고

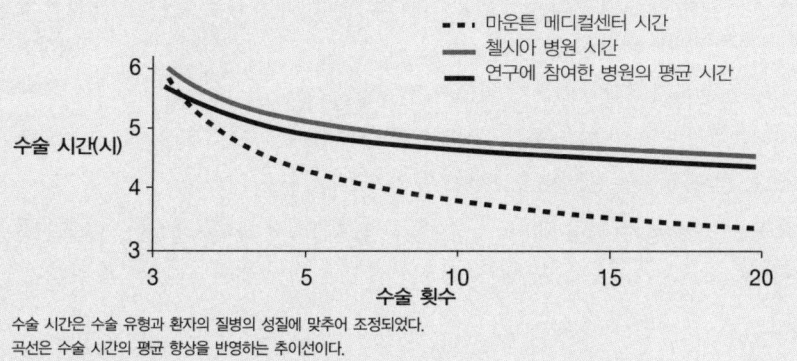

수술 시간은 수술 유형과 환자의 질병의 성질에 맞추어 조정되었다.
곡선은 수술 시간의 평균 향상을 반영하는 추이선이다.

있었다. 첼시아 병원에서 거의 50차례의 수술이 행해지고 난 뒤에도 의사는 "흡족하지가 않아. 우리 팀이 최고이긴 한데 최고 실력이 발휘되지 않고 있어."라고 했다. 다른 지역에서처럼 첼시아의 팀원들 역시 새 기술이 새로운 커뮤니케이션 스타일을 요구하는 측면에 대해 놀랐다고 보고했다. 그러나 그들은 이것을 실행에 옮기는 데에 자신감이 없었다.

팀 혁신 프로젝트로서의 새로운 기술

마운튼 메디컬센터는 소도시와 주변 시골에 의료 서비스를 제공하는 저명한 지역 병원이었다. 비록 심장외과가 중요한 연구를 실시하거나 심장수술을 혁신시킨 역사는 없었지만, 그 병원에는 이 새로운 수술 기법에 관심이 지대한 젊은 외과의가 최근에 고용되어 근무하고 있었다. 다른 병원의 팀 리더보다 이 의사는 그 기술을 도입하면 팀도 매우 다른 업무 스타일을 채택해야 한다는 사실을 간파하고 있었다. "의사 자신이 독재가가 아닌 파트너가 되는 능력이 절대적으로 필요했죠."라고 그는 말했다. "팀의 다른 누군가가 제안을 해오면 그것을 수용해서 수술 중에 정말 적용시킬 수 있어야 했어요. 이것은 수술실 분위기를 다시 만드는 일이었고, 수술 과정 자체도 다시 짜는 것이었죠."

그 의사와 함께 일해 본 경험이 있었던 팀원들은 그의 접근 방법에 적극 따랐다. 한 사람은 "모두가 의견을 개진하는 가운데 자유롭고 개방된 분위기"을 만들면서 "위계질서가 바뀌었었죠."라고 언급했다. 다른 한 사람은 "저는 (새로운 수술 기법에 대해) 매우 흥분되어 있었어요. 병원에도 새로운 기회가 되지만 심장수술에도 새 모델이 되었잖아요. 그것은 오로지 집단이 이룰 수 있는 개가라고 생각했어요."라고 하면서 그는 "의사가 여러분이 아니면 이 일을 못할 겁니다."라고 말해주었기 때문에 성공할 수 있었다고 했다. 의사의 그 말 한 마디가 대단한 동기부여 요인이 된 것이다.

결국 팀 리더의 지위도 낮고 새로운 심장수술을 해본 경험도 짧았던 마운튼 메디컬센터는 새로운 기술을 가장 빨리 습득한 우리 연구 대상 두 병원 중 하나로 꼽히게 되었다.

:: 학습 리더 되기

팀 학습 환경을 조성하는 일은 그리 어렵지 않지만 팀 리더에게 필요한 것은 신속한 행동이다. 사회심리학자들은 자신들이 어떻게 행동해야하는지에 대해 힌트를 받으려고 팀 구성원들은 상사의 큐 사인을 신중하게 관찰한다는 사실을 알려준다. 이러한 특징은 초기 단계의 집단이나 프로젝트에서 형성된다. 이후 팀 분위기를 올바르게 이끌기 위해서는 팀 리더에게 다음과 같은 역할들이 요구된다.

늘 팀 가까이 있을 것
다른 이의 의견을 환영하고 귀중하게 대하려면 리더가 냉담한 상태에 있으면 안 된다. 리더는 늘 이용 가능해야 한다. 우리가 연구한 팀의 한 간호사는 성공적인 팀 리더에 대해서 이렇게 언급했다. "그분은 자리를 비워도 아주 잠깐뿐이지 언제나 사무실을 지키고 계셨어요. 언제나 5분 안에 뭔가를 설명할 수 있었고 상대방을 바보로 느끼게 만들지도 않았어요."

의견 개진을 요청하라
정보를 공유할 수 있는 분위기는 팀 리더가 구성원들에게 의견을 내달라고 분명하게 요청해야 강화될 수 있다. 한 성공적인 팀의 체외순환사는 "의사 선생님이 언제나 무슨 일이 있으면 즉각 보고하라고 요청하셨죠. 일이 잘못 되면 모두에게 알리라고요."라고 말했다.

실수를 인정하라

팀 리더는 자신의 실수를 팀 앞에서 인정함으로써 학습 분위기를 더욱 자유롭게 이끌 수 있다. 우리의 연구에 참여한 한 의사는 이런 식으로 자신의 실수를 인정했다고 한다. "내가 잘못했죠. 그 경우 내 판단이 틀렸어요."라고 주저없이 말하는 것은 뭔가 잘못된 일이나 우려 사항을 말해도 배척당하지 않고 논의될 수 있다는 팀 분위기를 조성해준다.

5

대화형 vs. 주장형 의사결정 과정

데이비드 가빈
David A. Garvin

마이클 로베르토
Michael A. Roberto

요약 | 대화형 vs. 주장형 의사결정 과정

　기업 임원들은 대부분 의사결정을 적절한 시간의 특별한 지점에서 일어나는 단일 사건으로 여긴다. 실제로 의사결정이란 집중 공격, 정치력, 개인적인 미묘한 차이, 제도의 변천 등이 뒤섞여 이루어지는 사건인데도 말이다. 이런 사실을 깨달은 리더는 의사결정을 혼자서 통제하는 사건이라고 착각에 빠져 있는 리더보다 훨씬 훌륭하게 의사결정을 내린다.

　의사결정 과정 중에는 매우 효율적인 것도 있고 그렇지 않은 것도 있다. 의사결정에 참여하는 사람들이 가장 흔하게 선택하는 주장형(advocacy) 과정은 일을 추진하기에는 가장 비생산적인 방법이다. 주장형 과정을 좋아하는 이들은 의사결정 과정을 경쟁으로 바라본다. 그들은 자신들이 좋아하는 해결책을 열렬하게 주장하고, 정보를 선택적으로 제안하고, 상충되는 관련 데이터를 보류하고, 반대 의견에 맞서서 확고부동한 입장만을 취한다. 반면에 대화형(inquiry) 과정은 주장형 과정보다 훨씬 생산적이다. 대화형 과정은 여러 선택 사항을 고려하면서 최고의 해결책을 찾으려고 힘을 모으는 것이다. 주장형 과정을 대화형 과정으로 발전시키기 위해서는 다음 세 가지 요인에 주의해서 분위기를 이끌어야 한다. 첫째, 사적 논쟁이 아닌 건설적 논쟁의 분위기로 이끌어나갈 것. 둘째, 어떤 견해가 최종적으로 수용되지 않더라도 충분히 숙고 대상이 되고 있다는 분위기를 조성할 것. 셋째, 숙고 단계를 마칠 시점 판단하기 등이다.

　이 글에서 가빈과 로베르토는 주장형 과정에서 대화형 과정으로 의사결정 기법을 발전시키기 위한 방법을 자상하게 논의하고 있다.

　의사결정은 균형을 이루는 비범한 자질을 요구하는 리더십의 꽃이라고 할 수 있다. 의사결정에서 중요한 것은 초기 논의들을 단정적으로 몰아갈 수 있는 의견 대립을 포용으로 통합하여 효과적인 실행으로 나아가게 하는 리더의 능력이다.

대화형 vs. 주장형 의사결정 과정

의사결정은 사건이 아닌 과정이다

리더는 여러 가지 방식으로 자신의 기질을 드러낸다. 두 가지만 들자면 전략을 설정하는 방식과 부하들에게 동기를 부여해주는 방식을 그 예로 들 수 있다. 그러나 리더의 위상은 그 무엇보다도 의사결정 능력에 의해 높아지기도 하고 실추되기도 한다.

그렇다면 그런 능력은 타고나는 것일까. 그런가? '그렇다'라고 대답했다면 얼마나 많은 조직 간부들이 충분한 선택 사항을 허용받은 상태도 아니고 최선의 선택을 위한 평가 자료가 충분하지도 않은 상태에서 의사결정을 처리하는지를 알면 여러분은 놀랄 것이다. 우리는 지난 몇년 간의 연구를 통해 대부분의 리더가 의사결정을 아주 엉터리로 내린다는 사실을 알게 되었다.

그 이유는 무엇일까? 대부분의 경영자들이 의사결정을 사건으로 여기기 때문이다. 책상에 앉아 있다가 회의를 이끌다가 자료를 들여다보다가 타이밍이 적절하다고 느껴지는 한순간에 내리는 개별적인 선택으로 말이다. 이런 전통적인 시각에서는 경험, 감, 연구력, 또는 이 모든 것을 토대로 리더의 머리에서 튀어나오는 의견이 바로 의사결정이다. 지금 당면한 문제가 매출이 계속 떨어지는 제품의 시장 판매를 종결시키는 일이라고 가정해보자.

의사결정을 사건으로 바라보는 리더라면 혼자서 심사숙고해보고, 조언을 구하고, 보고서를 받아보고, 좀 더 숙고해보고, 예, 아니오를 결정한다. 그 다음에는 그에 대한 시행 조치를 조직에 전달할 것이다. 그러나 이런 식의 접근은 모든 의사결정의 성공을 결정해주는 좀 더 큰 사회적·조직적 맥락을 간과하게 되는 허점이 있다.

사실 의사결정은 사건이 아니다. 의사결정은 과정이다. 그것도 여러 주, 여러 달, 심지어는 여러 해에 걸쳐서 전개되는 과정이다. 의사결정 과정에는 집중 공격, 정치력, 개인적인 미묘한 차이, 제도적 변천 등이 뒤얽혀 있으며 논의와 논쟁으로 가득 차 있다. 시행 날짜가 다가오면 조직의 전사적 지원을 필요로 하는 일이기도 하다.

우리는 다년간의 연구를 통해 훌륭한 의사결정을 하는 리더와 형편없는 의사결정을 하는 리더의 차이가 너무도 크다는 사실을 알게 되었다. 전자는 모든 의사결정은 과정이라고 여기기 때문에 의사결정과 관련된 사항들을 명확하게 설계하고 관리한다. 반면에 후자는 의사결정을 혼자서 통제하는 사건으로 착각한다.

우리는 이 연구에서 유익하고 효과적인 의사결정 과정을 설계하고 관리하는 방법, 이른바 대화형 과정과 의사결정 과정의 질을 평가하기 위한 일련의 기준들을 살펴볼 것이다. 우선 의사결정을 과정으로 바라보아야 하는 이유부터 짚어보았다.

대화형 과정 vs. 주장형 과정

의사결정 과정은 모두 똑같이 효율적이지 않다. 집단이 어떤 의사결정 과정을 통해 다양한 아이디어를 폭넓게 확인하고 고려하는지 그 정도를 보면 특히 그러하다. 우리는 연구를 통해 의사결정이 크게 대화형 과정과 주장형 과정으로 대별된다는 사실을 알게 되었다. 우리가 바람직하다고 여기는 대화형 과정은 다양한 대안을 만들어내고, 아이디어를 서로 교환하고, 검증이 잘된 해결책을 낼 수 있는 충분히 열려 있는 의사결정 과정이다.

다만 대부분의 사람들이 이 방법론에 쉽고 자연스럽게 다가가지 못하는 점이 안타깝다. 사람들은 이른바 주장형 과정에 태만하게 빠지는 경향이 있다. 둘 다 겉으로 보았을 때는 의사결정 그룹이 토의와 논쟁에 빠져 있다 보면 자신들이 믿는 것을 최선의 근거로 삼아서 어떤 행위 과정을 선택하려고 든다는 점에서는 비슷하다. 그러나 유사해 보이긴 해도 대화형과 주장형은 전혀 다른 결과를 가져온다는 점에서 서로 차이가 난다.

주장형 집단은 아무리 개방적인 토의 분위기를 이끌고 일부러 경쟁을 피하려는 노력을 기울여도 경쟁적인 태도로 의사결정에 접근하게 된다. 가령 예산을 올리기 위해 서로 다투는 부서들처럼 어떤 분야에 각별한 관심과 명확한 태도를 지닌 집단은 특정한 입장을 주장할 수밖에 없다. 그들은 자신들이 선호하는 해결책에 대한 열의가 대단해서 반대 의견에 대한 입장이 너무 확고하다. 너무 열성적이다 보니 객관적인 태도를 취할 수 없게 되어 반대 의견에 관심을 기울일 여력도 없다. 또한 선택적으로 정보를 제시하고 상충되는 관련 데이터는 보류하는 식으로 자신들의 입장만 내세운다. 결국 그들의 목적은 공명정대한 견해를 전달하는 것이 아니라 강제성을 띠는 상황으로 몰고 가는 것이다. 예를 들어 자신들의 개선 프로그램을 밀고 있는 서로 다른 두 공장 관리자가 있다고 가정해 보자. 그들은 자기 프로그램의 잠재적인 약점이 드러나면 논쟁에서 지게 되어 필요한 자원을 얻게 되지 못할 것이므로 그것을 보고하려고 들지 않을 것이다.

더구나 주장형 집단에서 야기되는 불화들은 종종 제어하기 힘든 상황으로 치닫거나 심지어 서로 반목하는 사태에까지 이른다. 인격이나 자존심 문제까지 끼어들게 되는 의견 대립은 결국에는 의지의 싸움이나 막후 작전을 통해 해결된다. 여기서 우리는 경쟁적인 입장들 간에 힘을 겨룬 결과가 최선의 해결책으로 나온다는 사실을 짐작할 수 있다. 이런 식으로 가다보면 혁신을 억누르게 되고 갈등이 깊어지는 것을 피하기 위해 우세한 견해에 영합하게 된다.

반면에 대화형 집단은 다양한 선택 사항들을 신중하게 고려하면서 최상의 해결책을 찾아내기 위해 힘을 모은다. 사람들 각자의 이해를 포기시키지 않으면서 어떤 특정한 입장의 견해를 받아들이도록 사람들을 설득하지 않으며 최선의 행동 과정에 뜻을 모으려고 노력한다. 사람들은 가공되지 않은 상태의 정보를 서로에게 전달하는 것을 좋아하며 참가자들이 각자 자신의 결론을 제시하도록 이끈다. 반대 의견을 억누르기보다는 비판적인 사고를 독려하며, 모든 참가자들이 대안적 해결책을 제시하거나 이미 제기된 가능성에 대해서도 곤란한 질문을 하는 일에 스스럼없이 임한다.

대화형 과정의 참가자들은 자신들이 믿는 질문이나 가정을 가차 없이 제기하여 갈등을 심화시킬 수도 있다. 그러나 그것이 개인적인 성격을 띠는 경우는 드물다. 의견 대립이 벌어지는 이유는 확고한 입장 차이가 아닌 아이디어와 해석의 차이에서 비롯되기 때문에 대개 건전한 성격을 띠며 이성적으로 해결된다. 여기서 우리는 대립적인 입장이 아닌 경쟁하는 아이디어들 간에 힘을 겨루어 완전한 해결책이 나온다는 사실을 알 수 있다. GE 경영권 승계 과정을 전해주고 있는 최근 보고에서 그러한 개방적인 접근을 추구한 이사회 구성원들을 만날 수 있다. GE 이사회의 구성원 전원은 핵심 후보들의 장단점을 검토하기 위해 정기적으로 그들을 만나서 회합을 가졌는데, 거기에는 특별한 후보를 로비하려는 시도가 전혀 끼어들지 않은 상태였다(더구나 잭 웰치 회장도 거의 참석하지 않는 가운데 회합이 이루어졌다).

대화형의 특성을 많이 띤 과정은, 회사의 목표를 전진시킬 뿐 아니라 시기적절하고 효과적인 방식으로 시행할 수 있는 식의 높은 품질의 의사결정을 내는 경향이 있다. 따라서 우리는 조직의 의사결정 능력을 개선하고자 하는 리더는 가능한 한 빨리 주장형 과정에서 대화형 과정으로 옮겨간다는 유일한 목표를 품고 출발할 필요가 있다고 생각한다. 그러기 위해서는 훌륭한 의사결정을 위한 세 요소인 3C에 각별한 주의를 기울여야 한다. 바로 갈등(Conflict), 숙고(Consideration), 종결(Closure)이다. 각 요소에는 신중한 균형 잡기 행위가 수반된다(자세한 사항에 대해서는 표 5-1 '의사결정의 두 접근법' 참조).

건설적인 갈등

비판적 사고와 정열적 논쟁은 언제나 예외 없이 갈등 상황에 이른다. 갈등의 바람직한 측면은 리더가 문제에 정통한 상태에서 선택을 할 수 있

표 5-1 의사결정의 두 가지 접근법

	주장형	대화형
의사결정에 대한 인식	경쟁으로 바라봄	공동의 문제해결로 바라봄
회의의 목적	설득과 로비	시험과 평가
참가자의 역할	대변인	비판적 사고가
행동 패턴	다른 이들을 설득하기 위해 애씀 자신의 입장을 옹호함 약점을 경시함	균형 잡힌 주장을 제시함 대안들에 대해 열린 입장을 취함 건설적 비판
소수자 견해	좌절되거나 무시됨	키워지고 가치있게 대우받음
결과	승자와 패자로 나뉨	공동의 행동 조치로 나아감

도록 관심을 불러일으킬 수 있다는 점이고, 바람직하지 않은 측면은 갈등이 나쁜 길로 빠질 경우 의사결정 과정이 완전히 삼천포로 빠질 수 있다는 점이다.

갈등은 사실 인지적 갈등과 정서적 갈등의 두 가지 형태로 온다. 인지적, 즉 실재적 갈등은 해결할 일과 관련되어 표출된다. 아이디어와 가정에 대한 의견 불일치, 앞으로 진행할 최선의 방법에 대한 의견차를 들 수 있다. 이러한 갈등은 활력을 주기 때문에 대화형 과정의 효율성을 높이는 데에 절대 필요하다. 사람들은 다른 의견을 스스럼없이 표현하고 기본 가정에도 의문을 제기하면서 새로운 아이디어를 도입한다. 반면에 정서적, 즉 대인적 갈등은 그야말로 감정적으로 표출된다. 개인적 마찰, 경쟁의식, 성격 차이를 들 수 있다. 이러한 갈등은 의사결정 과정이 진행되는 동안 사람들이 협력하고자 하는 마음을 약화시켜서 의사결정 과정의 효율성을 떨어뜨린다. 주장형 과정에서 흔하게 볼 수 있는 특징이다.

면밀히 살피면 두 가지 갈등을 구별하는 일은 그리 어렵지 않다. 어떤 팀원이 '세 군데 합병 후보 회사의 전략적, 재무적, 운영적 장점을 두고 일어났던 거친 논쟁'을 회고한다면 이는 인지적 갈등을 언급하는 것이다. 반면에 어떤 팀원이 '인신공격으로 퇴보된 열띤 논쟁'을 언급하면 정서적 갈등을 의미하는 것이다. 그런데 놀랍게도 실제로는 이 두 갈등을 구분하기가 어렵다. 인간은 보통 어떤 비판도 사적으로 받아들여서 방어 태세를 취하는 경향이 있기 때문이다. 분위기가 바로 재충전되어 훌륭한 의사결정을 내리게 된다고 해도 감정적 후유증이 자꾸 남아서 의사결정 사항을 실행하는 도중에 팀원들의 협력을 방해한다.

 리더의 과제는 정서적 갈등 수준을 낮게 유지하면서 인지적 갈등 수준을 높이는 것이다. 이는 결코 비열한 술수가 아니다. 예외보다는 규칙을 열심히 지키는 원칙을 세워놓는 것이 한 가지 방법이다. 27년간 에머슨 일렉트릭(Emerson Electric)의 CEO를 지낸 척 나이트(Chuck Knight)는 엄격한 관리자들을 상대로 냉정하게 이런 방법을 썼다. 그는 검토 사항들을 기획하는 중에 책상 위에 실제로 어떤 제안들이 올라와 있는가와는 상관없이 거칠고 논쟁적인 질문과 틀이 잘 잡힌 답변이 활발히 일어나도록 분위기를 이끌었다. 나이트가 '비논리의 논리'라고 부른 이 과정은 당연히 위협적이었다. 그러나 그는 예기치 않은 그리고 종종 비현실적인 우려 사항을 제기함으로써 틀이 잘 잡힌 주장을 검증하기를 좋아했다. 결과적으로 그는 재임 기간 동안 꾸준하게 현명한 투자 결정을 내렸고 쉼 없이 분기별 순수익을 증대시킬 수 있었다.

 1980년대에 모토롤라 CEO를 맡았던 밥 갤빈(Bob Galvin)은 약간 다른 성격을 띤다. 그는 예기치 못한 가설적 질문들을 불쑥 던져서 창의적 사고를 자극하곤 하는 습관이 있었다. 말콤 볼드리지 국가품질 프로그램(Malcom Baldrige National Quality Program)의 감독 이사회의 의장이었던 그는 이런 습관이 빚은 일로 품질 포상 기준을 넓히라는 위원회의 압력에 대하여 동료들을 불시에 공격하면서 오히려 포상 기준을 좁힐 것을 제안했다. 위원회는 실제로는 포상 기준을 넓혔지만 그의 청천벽력 같아 보이는 제안 덕분에 창의적이고도 생산적인 논쟁을 벌일 수 있었다.

대화 과정을 구조화시켜서 그 과정 자체가 본질적으로 논쟁의 성격을 띠도록 만드는 것도 다른 하나의 방법이다. 이 방법은 서로 다른 대립적이고 경쟁적인 책무를 사람들에게 분배함으로써 적용할 수 있다. 가령 한 집단에게는 제안을 개발하도록 요청하고 다른 집단에게는 대안적인 추천안을 내라고 요청한다. 그런 다음 두 집단에서 나온 제안을 교환한 뒤 다양한 선택 사항들을 논의한다. 이렇게 하면 인지적 갈등이 높은 수준으로 일어나는 게 거의 확실하다(표 5-2 '논쟁의 구조화'에 창의적 사고 자극을 위한 두 가지 접근법이 간략하게 정리되어 있다).

하지만 인지적 갈등을 불러일으키려는 목적으로 대화 과정을 구조화

표 5-2 논쟁의 구조화

리더는 의사결정 조직을 2개의 하위 그룹으로 나누어 참가자들이 논쟁에 부담 없이 참여할 분위기를 조성할 수 있다. 연구자들이 추천하는 두 가지 기술은 소위 '논점과 반박'과 '지적 감시단' 접근법이다. 두 기술의 첫 3단계는 똑같이 진행된다.

논점과 반박	지적 감시단
1. 팀을 2개의 하위 집단으로 나눈다. 2. 하위집단 A가 추천, 주요 가정, 비판 데이터 등과 함께 제안을 개발한다. 3. 이제 그것을 하위집단 B에게 서면이나 구두 형식으로 제시한다.	1. 팀을 2개의 하위 집단으로 나눈다. 2. 하위집단 A가 추천, 주요 가정, 비판 데이터 등과 함께 제안을 개발한다. 3. 이제 그것을 하위집단 B에게 서면이나 구두 형식으로 제시한다.
1. 하위집단 B가 1개 이상의 대안 행동안을 내놓는다. 2. 두 하위집단이 서로 협력하여 제안을 논의한 뒤 일련의 가정에 대해 협의한다.	1. 하위집단 B가 제시된 가정들에 대해 상세한 비판과 추천안을 발달시킨다. 서면이나 구두 형식으로 비판을 제시한다. 하위집단 A는 이 피드백에 의거하여 다시 제안을 수정한다. 2. 두 하위집단이 일련의 가정에 합의할 때까지 이러한 수정-비판-개정 작업을 반복적으로 수행한다. 3. 마침내 두 하위집단이 서로 협력하여 추천안을 개발한다.

시켜도 그것이 사적인 갈등으로 흘러갈 소지는 언제나 있다. 그럴 때 노련한 리더는 '타임아웃'이라는 말로 논쟁을 끝내는 대신 정서적 갈등은 최소화하고 인지적 갈등은 고양시키는 창의적인 방법을 다양하게 구사한다.

첫째, 노련한 리더는 논의 도중 사용되는 언어뿐 아니라 문제가 제기되는 방식에도 세심한 주의를 기울인다. 사적인 자극이 되는 표현은 피하면서 "당신의 주장도 일리는 있지만 내가 잠깐 일부러 선의의 비판 한 가지를 한다면……." 하는 식으로 반대 의견이나 질문의 운을 떼는 것도 방법이다. 그리고 상대를 난처한 처지로 몰 말이나 행동을 하지 못하도록 언어 표현에 엄격한 규칙을 세운다. 어떤 미션이 수행된 이후 차후 예방 차원으로 실책을 확인하기 위해 열린 미군의 AAR(after-action reviews)에서 있었던 일인데, 조정자들이 "우리는 b자를 사용하지 않습니다. f자도 사용하지 않구요. 왜냐하면 상대를 탓하거나(blame) 잘못을(fault) 찾아내는 행위는 피하기 때문이지요."라고 한 말은 이 경우에 매우 적절하다.

둘째, 리더가 사람들 사이에 자연적으로 형성된 유대를 깨뜨려서 전통적인 충성심이 아니라 어떤 근거를 기반으로 일하도록 재배치시키면 그들을 기존 입장에서 물러나게 만들 수 있다. 한 중견 항공기업의 사업부 서장은 전략적 동맹을 결정하는 중대 의사결정회의에서 조직 안에 결성되어 있던 강력한 두 연대를 다루어야 했다. 그는 집단을 해체시킨 뒤 관심사가 서로 다른 사람들을 한데 묶어서 두 그룹으로 만들어 동맹 파트너에 대한 대안을 내놓으라고 요청했다. 그런 다음 각 그룹에서 나온 안에 대해 서로 다른 기준(기술 역량, 제조 기술, 프로젝트 관리 기술 등)을 사용하여 평가하라고 요청했다. 그러자 두 집단은 서로의 평가를 주고받은 뒤 서로 협력하여 최고의 파트너를 선정했다. 어떤 정보도 완벽하지 않앉기 때문에 서로가 서로의 말에 귀를 잘 기울일 수 있었다.

셋째, 노련한 리더는 특정한 관심사로 자기 벽에 갇혀 있는 개인들을 거기서 끄집어낸다. 가령 초기 회의 때 지지하지 않았던 입장을 조사한 뒤 논의하라고 팀원들에게 요청한다. 이와 비슷하게, 관리직 임원에게 마케팅적 시각을 가지라고 요청하거나 직급이 낮은 직원에게 CEO의 전략적 견해를 가지라고 요청하는 식으로 자신과는 다른 기능적, 관리적 역할을 하라고 요청한다.

마지막으로 리더는 논쟁에 갇힌 참가자들에게 핵심 사실과 가정으로 다시 돌아가고, 정보를 더 찾아보라고 요청할 수 있다. 사람들은 서로의 입장차에 너무 골몰한 나머지 막다른 상태에 빠질 수 있다. 그러면 정서적 갈등이 곧 뒤따라온다. 그럴 때 사람들에게 기본 가정을 다시 검토하라고 요청하면 긴장된 분위기가 풀려서 팀을 제 궤도에 되돌릴 수 있다. 엔론(Enron)의 경우, 기존 거래 기술을 새로운 상품이나 시장에 적용할지 말지에 대해 직원들 간에 의견이 분분하면 고위 임원들이 산업의 특성과 시장 규모 및 고객선호도에 따른 논의의 가정으로 사람들을 다시 이끌고 간다. 그러면 직원들은 합의 영역을 다시 파악하여 정확히 어떤 지점에서 왜 반대하는지를 찾아본 다음 특정 문제에 다시 논의를 집중시킨다.

숙고

의사결정이 이루어져서 대안들이 폐기되면 사람들 중에는 자신이 선호하는 해결안을 포기하는 이들도 있고, 결과에 승복하지 않는 이들도 있고, 마지못해 승복하는 이들도 있다. 무엇이 그 차이를 만드는가? 여기서 중요한 것은 공정성(연구자들은 '과정공정성' 이라고 부른다)을 인식하는 일인 것 같다. 리더가 최종적인 의사결정을 하긴 하지만, 그 과정에 참여하는 이들이 자신의 견해를 존중받았으며 자신들도 최종 의사결정에 영향을 미칠 정당한 기회를 부여받았다는 사실을 믿게 만드는 것이 관권이다. 참가자들은 의사결정 과정이 공정하다고 믿으면 자신들의 견해가 우세하지 않더라도 의사결정 결과에 더 많이 기여할 수 있다는 사실을 연구자들은 밝혀냈다.

많은 경영자가 정당함을 발언권과 동일시해서 모두에게 의견을 표시할 기회를 준다. 그렇게 모두의 의견을 받아들여서 문제를 책상에서 해결하려고 애쓴다. 그러나 발언권은 숙고만큼 중요한 게 아니다. 숙고란 리더가 회의가 진행되는 도중 자신의 견해가 경청되고 충분히 존중받고 있다고 사람들이 믿게 만드는 것이다. 인텔 회장 앤디 그로브(Andy Grove)는 1999년 펴낸 저서 『편집광만이 살아남는다』에서 자신이 중간관리자들을 어떻게 특별히 예우했는지를 이렇게 묘사하고 있다. "여러분이 참여했는지 아닌지를 나누는 기준은 자신의 의견을 발표하여 그것을 전달했는가에 달려 있습니다. 모든 입장이 논쟁에서 우세할 수는 없지만 의견 하나하나가 올바른 해답을 내는 데에 모두 귀중합니다."

사실 숙고하지 않은 목소리는 해를 가져온다. 의사결정을 수용하기 보다는 적대감과 좌절감만을 품게 되기 때문이다. 의사결정 시간이 다가왔을 때 그 과정이 리더가 선호하는 해결안을 정당화하기 위해 미리 짠 각본으로 진행되는 쇼라고 느낀다면 참가자들이 과감히 나서지 않는 경향이 생긴다. 다임러-클라이슬러(Daimler-Chrysler)의 합병에 관한 의사결정이 진행될 때 이런 유사한 상황이 벌어졌다. 다임러의 CEO 쥐르겐 슈렘프(Jurgen Schrempp)는 예비 합병 회사에 대한 광범위한 분석과 평가를 컨설턴트들에게 요구했지만 그가 클라이슬러를 확정적으로 선택하기까지는 오랜 시간이 걸렸다. 컨설턴트들이 슈렘프 사장에게 그렇게 하면 주주가치를 창출하지 못할 거라고 조언했지만 그는 그런 자료들은 물리치고 자기 계획대로만 밀고나갔다. 많은 관련자에게 의견을 구하기는 했지만 그는 분명 그런 의견들을 존중하지는 않았다.

리더는 의사결정 과정이 진행되는 내내 사람들의 의견을 숙고하는 자세를 보여주어야 한다. 초반에 제시되는 새로운 아이디어들에 대해 열린 자세로 임하면서 자신과 다른 의견들을 기꺼이 받아들여야 한다. 특히 개인적 취향을 밝히는 일을 피하고 어떠한 초기 의견도 차후에 바뀔 수 있는 임시적인 것이라는 면을 분명히 밝혀야 한다. 그렇게 하지 않으면 참가자들이 초반부터 의견을 내놓기를 꺼려할 것이다.

리더는 회의가 진행되는 동안 자신이 사람들의 의견에 큰 관심을 기울이며 경청하고 있다는 사실을 보여주기 위해 노력해야 한다. 어떻게 그렇게 할 수 있을까? 참가자들이 입장을 설명할 때면 질문을 던지면서 더 설명해달라고 요청하고, 의견을 경청하고, 눈을 맞추면서, 인내심을 보여주는 것이다. 노트하는 모습을 보여주는 것도 좋다. 그것은 그가 사람들의 생각을 파악하고 이해하고 평가하기 위해 진짜 노력을 기울이고 있다는 것을 강력하게 보여주는 것이다.

리더는 마지막 선택을 한 후에는 그렇게 선택하게 된 논리를 잘 설명해야만 한다. 의사결정의 근거를 설명하고 그에 따른 행동 방침을 택하는 데 사용한 기준을 상세하게 설명해주어야 한다. 각 참가자의 가정이 어떻게 최종 의사결정에 영향을 미쳤는지, 하지만 왜 그것과는 다른 방향으로 의사결정이 이루어졌는지를 설명해주면 더 좋을 것이다.

종결 시점

언제 숙고 단계를 마칠지를 아는 것은 쉽지 않다. 의사결정 조직들은 성급하게 결론을 내리는 경우가 많으며 그렇지 않으면 한없이 질질 끄는 경향이 있다. 조기에 의사결정을 종결하는 것은 의사결정을 지연시키는 일만큼 위험하다. 두 경우 모두 보통 주장형 과정이 저지되지 않은 채 치닫다 보면 그렇게 되는 일이 많다.

조기 의사결정의 문제

팀플레이어(team player)로 인정받고 싶은 욕망 때문에 비판적 사고나 신중한 분석을 멀리하고 가장 가능성이 희박한 선택 사항을 받아들이는 집단이 간혹 있다. 흔히 '집단사고(groupthink)'로 알려진 이런 경향은 강렬한 주장자들이 많이 들어 있는 새로 구성된 팀에게서 흔히 발견된다. 구성원들이 아직 규칙을 배우는 단계에 있기 때문에 반대자로서 선뜻 나서기를 두려워해서 이런 현상이 빚어진다.

이러한 집단사고의 위험은 폭넓은 선택권을 억누를 뿐 아니라 반대 의견들이 잠자코 있다가 중대한 순간에 표면화될 수 있다는 점이다. 의사결정을 시행하는 데 구성원들의 협조가 중요해지는 순간에 보통 그런 일이 터진다. 급속하게 성장한 한 소매업체의 부서장은 힘든 대가를 치르고 이 사실을 배웠다고 한다. 그는 소규모 하위팀과 협력하여 여러 선택안을 내고 대안을 평가하고 행동 방침을 개발한 뒤 그 대안을 평가받기 위해 팀 전체에 가곤 했다. 그런데 팀 입장에서는 이미 정해진 대안을 가지고 왔기 때문에 이의를 제기하기가 꺼려질 것이었다. 그들 중 한 사람은 이런 표현을 했다. "반대하기 적절하지 않은 회의라서 의견일치를 보고 회의실을 나올 수 없었죠." 그래서 실제 시행하는 단계에 들어갔을 때 논의가 다시 열리게 되었고 그 결과 프로젝트는 몇 개월이나 지연되었다.

집단사고를 방어할 첫 번째 방법으로 리더는 참가자들의 몸짓을 잘 살펴서 숨어 있는 불만족을 파악할 줄 알아야 한다. 눈썹을 찡그린다든지, 팔짱을 낀다든지, 도사리고 있는 반항심이라든지 하는 징후를 알아차려야 한다. 불만 세력을 회의로 끌어내기 위해서는 휴식 시간을 잠깐 가진 뒤 그들 한 사람 한 사람에게 접근해서 의견을 물은 뒤 회의를 다시 시작하는 것이 가장 좋은 방법이다. GM의 알프레드 슬론(Alfred Sloan)은 이런 식의 방법을 잘 쓴 것으로 유명하다. 그는 이렇게 말했다고 한다. "우리는 지금 완전한 합의를 이루어냈다고 생각합니다. 하지만 다음 회의 때까지 회의를 연기할 것을 제안합니다. 반대 의견을 더 개진시켜서 전체 의견을 들어보기 위함입니다."

조기 종결을 피하기 위한 또 하나의 방법은 규정이나 규칙을 통해 소수 세력의 의견을 적극 장려하는 것이다. 소수자의 견해는 의사결정을 깊고 넓게 만들어준다. 소수자의 견해가 완전한 상태로 채택되는 법은 없어도 집단사고를 확장시켜주는 역할을 한다. 인텔의 앤디 그로브 사장이 '고마운 카산드라(helpful Cassandras)'(카산드라는 그리스 신화 속 인물로서 불행한 일을 세상에 알려주는 예언자이다-옮긴이)에게 일상적으로 의견을 물어본 것은 이런 이유에서였다. 그들은 묻기 힘든 질문을 제기해주고 제안된 정책에 도사린 위험 요소를 신선한 시각으로 바라볼 줄 아는 이들이었다.

의사결정 지연의 문제

여기서도 역시 저지되지 않은 주장형이 종종 문제의 근원이 된다. 보통 두 가지 형식으로 드러난다. 이따금 팀이 정체 상태에 빠진다. 파를 이루어 서로 다투다가 서로가 자기 입장만을 주장하며 뜻을 굽히지 않으려고 하기 때문이다. 이 정체 상태를 깨기 위한 장치가 마련되지 않으면 회의는 계속 헛돈다. 어떤 때는 사람들의 공평한 참여를 보장해주려다가 오히려 역효과를 낸다.

정당함을 요구하는 팀원들이 자신의 모든 견해를 들어서 의문점에 답한 뒤에 결론을 내라고 주장한다. 반론의 여지가 없는 자료로 지지되는 완전히 주장일 뿐인 이러한 요구는 확실히 주장을 위한 주장일 뿐이다. 다시 한 번 끝없이 헛돌면서 똑같은 대안, 반대 의견, 정보만을 계속 쏟아낸다. 어떤 구성원도 의문을 제기하지 못한다. 똑같은 주장이 계속 지겹게 반복되고는 있지만 경쟁의 압박으로 당장 답을 내야 하거나 참가자들의 의견이 오래 전부터 불협화음을 빚고 있었을 수도 있다.

이 순간 리더가 할 일은 '질문을 요구하는 것'이다. 코닝(Corning)의 오랜 CEO였던 제이미 호튼(Jamie Houghton)은 이 역할을 하기 위해 생생한 상징물을 이용했다. 그는 고위 팀과 의사결정을 논할 때 상황에 따라 두 종류의 모자를 썼다고 한다. 그들과 동등한 입장에서 논의하고 싶을 때는 카우보이모자를 썼고 CEO의 입장에서 질문을 요구하고 의사결정을 발표할 때는 중산모를 썼다. 카우보이모자는 문제 제기와 지속적인 토의 시간을 상징했고 두 번째 모자는 이제 논의가 끝났다는 의미였다.

이 이야기가 시사하는 점은 리더나 팀이 논의가 명료하지 않은 상황에 대해 좀 더 부담 없이 대할 필요가 있고, 완전한 데이터나 지원이 없어도 의사결정을 신속하게 추진할 필요가 있다는 것이다. 하버드 경영대학원의 스탠리 틸(Stanley Teele) 학장은 "경영의 기술은 부적합한 사실들로부터 의미 있는 일반화를 이끌어내는 기술이다."라고 말하지 않았던가.

훌륭한 의사결정을 가늠하는 방법

훌륭한 의사결정은 실시간으로 평가하기가 어렵다는 점이 매우 안타깝다. 성공적인 결과(시의적절하게 내려져 효율적으로 실행된 양질의 의사결정)는 실재에 근거해서만 평가된다. 그러나 대개 결과가 나타나는 시점에서는 수정 조치를 취하기가 이미 늦은 상태다. 그렇다면 올바른 궤도를 밟고 있는지 아닌지를 조기에 확인할 방법은 없는 걸까?

사실 있다. 의사결정 과정이 진행 중인 상태에서 정기적으로 중간 평가를 하는 것이 비법이다. 연구자들에 의해 중간 과정에서 엿보이는 어떤 특징들이 훌륭한 성과와 밀접하게 관련이 있다는 사실을 보여주는 증거가 상당히 밝혀졌다. 그 자체가 성공을 보장해주지는 않지만 그것과 연관된 영향력이 훌륭한 의사결정의 확률을 크게 높여줄 수 있다.

여러 가지 대안

여러 대안을 고려할 때 신중한 분석을 하게 되어 너무 급하게 쉽고 명백한 해답에 안착하려는 행동을 피하게 된다. 이것이 그룹에 적어도 두 가지 이상의 제안을 내놓을 것을 요구하는 '논점과 반박(point-counterpoint)' 같은 방법이 훌륭한 의사결정과 연관성을 띠는 이유이다. 보통 숙고 중인 선택안의 개수를 추적해보면 이 시험이 충족되었는지를 알 수 있다. 그렇다고 중복해서 집어넣으면 안 된다. 할지 말지(go-no-go) 선택안에는 한 가지 대안만 넣는다. 두 가지는 들어가면 안 된다.

가정 테스트

'사실'은 두 가지 변형태로 온다. 하나는 신중하게 검증된 사실이고 하나는 단지 주장되고 가정된 사실이다. 훌륭한 의사결정 집단은 이 둘을 혼동하지 않는다. 그들은 정기적으로 주장에서 잠시 물러나 비판하고 점검함으로써 가정을 확정하려고 노력한다. 어떤 것에 확실한 증거가 부족하다는 사실을 알고서도 계속 진행하기로 할지는 모르지만 불확실한 영역으로 모험해 들어간다는 사실은 잊지 않는다. 아니면 점검되지 않은 가정을 꼼꼼히 찾아내어서 문제를 제기할 임무를 맡을 '지적 감시단(intellectual watchdog)'을 지명해도 된다.

명확한 기준

또렷하고 분명한 목표가 없으면 사과와 오렌지를 구별하지 못하는 함정에 빠지기 쉽다. 주장자가 만일 자기가 좋아하는 척도인 순이익, 투자이익, 시장 리더십, 마인드 쉐어(mind share : 기업 또는 상표에 대한 태도를 경쟁기업 또는 경쟁상표 전체에 대한 비율로 표시한 수치-옮긴이) 등등을 제시한다면 서로 다투는 의견 간에 판단을 내리기가 어려워진다. 이럴 때면 모호한 사고와 의사결정 지연으로 이어지기 쉽다.

이 문제를 피하려면 의사결정 과정 동안 목표를 확실하게 명시한 다음 계속 확인해야 한다. 그것이 복잡할 수도 다층적일 수도 양적일 수도 질적일 수도 있지만, 어떤 형태를 띠던지 가장 앞에 나타나 있어야 한다. 합병 의사결정에 관해 실시된 연구들에 따르면 마지막 단계에 도달할 때쯤이면 경영자들이 빨리 종결시키고 싶은 압박감 때문에 처음에 그 거래의 적절성을 판단하기 위해 만들어놓은 기준을 양보하거나 조정하게 된다고 한다.

반대 의견과 논쟁

위대한 스코틀랜드 철학자 데이비드 흄(David Hume)은 "친구들 간의 논쟁에서 진실은 튀어나온다."고 관찰했다. 논쟁의 장점을 설득력 있게 표현한 말이다. 논쟁의 건전성을 측정하는 두 가지 방법이 있다. 하나는 어떤 종류의 질문이 제기되느냐이고 다른 하나는 경청의 수준이다.

어떤 질문은 회의를 열게 해주지만 어떤 질문은 회의를 닫히게 해서 숙고를 종결시킨다. 가정적인 반대 질문은 보통 건전한 논쟁을 불러일으킨다. 아메리칸 익스프레스(American Express)의 CEO를 모셨던 적이 있는 경영자 하비 골럽(Harvey Golub)은 회사가 신용카드 수수료를 낮추기로 의견을 모아가고 있을 때 골럽 사장은 오히려 올리자고 제안했었다고 회고한다. "사장님 본심은 아니었던 것 같아요. 하지만 수수료에 대해 사고하는 법을 확실히 가르쳐주셨죠."

경청의 수준도 똑같이 중요한 척도이다. 경청이 제대로 이루어지지 않으면 사적인 갈등으로 이어질 뿐 아니라 문제성이 있는 분석으로 이어진다. 미리 제기된 의견들을 소화하기도 전에 일상적으로 끼어들거나 반박 의견을 쌓아놓으면 정서적 갈등을 가시화하기가 쉽다. 이렇게 되면 교양 있는 회의가 불가능해진다. 적극적인 경청이 이뤄지지 않으면 협력이나 집단 화합이 보통 사라지기 때문이다.

공평한 분위기

중심점이나 중대 시점이 지난 후 회의 참가율이 어느 정도 되는가를 보면 공평한 분위기에 대한 실시간 측정이 된다. 참가율이 떨어지는 것은 일부 구성원들이 불쾌감을 표시하며 자리를 뜸으로써 나중에 의사결정안의 실행에 관해 문제가 있을 것임을 조기에 경고하는 것이다.

사람들을 의사결정안의 실행에 참여시키는 일은 아마도 의사결정 과정의 가장 중대한 요소로서 결국 장애물로 작용할지도 모른다. 이 부분이 바로 리더십의 핵심이며 리더가 지닌 여러 재능이 개성적으로 집결되는 부분이다.

그것은 모호한 분위기를 수용하고, 언제 논의를 끝내야 하는지를 파악하는 지혜, 다른 사람에게 선택안에 대한 근거를 이해시키는 인내심, 그리고 특히 탁월한 균형감각을 발휘하면서 갈등을 계속 조장하는 인내심을 요구한다. 이는 초기 논의를 규정지을 수도 있는 의견 차이도 받아들이고 효과적인 실행에 필요한 통합도 모두 수용하는 능력이다. 페르시아 제국의 창건자이자 유명한 군수장이던 키루스(Cyrus) 대제는 BC 6세기에 자신의 성공 비결을 "다양한 조언의 수렴과 명령의 통합"이라고 말했다. 그는 훌륭한 리더십의 핵심을 제대로 이해하고 있었던 것이다.

:: 주장형 과정과 대화형 과정의 실재

피그즈만 침공 사건과 쿠바 미사일 위기

주장형 대 대화형에 관한 최고의 예화는 존 F. 케네디 대통령의 통치 시절에서 구할 수 있다. 첫 2년의 재임 기간 동안 케네디는 두 가지 중대 외교 문제를 놓고 씨름을 했다. 바로 피그즈만 침공과 쿠바 미사일 사태였다. 둘 다 동일한 관련자와 동일한 정치적 이해, 극도의 이해관계가 연루된 내각 수준의 태스크포스로 발족되었다. 그러나 결과는 엄청난 차이가 벌어졌다. 크게 보았을 때 두 집단이 다른 방식으로 운영되었기 때문이었다.

피그즈만 침공 사건의 경우, 미국에서 훈련받은 쿠바 망명자로 이루어진 소규모 군대로 쿠바를 침공하자는 의견을 놓고 주장형 과정으로 의사결정이 진행되었다. 나중에 이는 문제성이 다분한 의사결정의 전형으로 유명해졌다. 당시 신임 대통령이던 케네디 대통령은 아이젠하워 시절 CIA에 의해 제안된 쿠바 침공 계획을 듣게 된다. CIA는 합동참모본부의 지원 아래 자신들의 입장을 재강화하면서 강력하게 침공을 주장했다. 그리고 대통령에게 보고를 걸러서 전달하면서 위기를 최소화했다. 라틴아메리카 정책에 대해 잘 알고 있는 국무부 관련자들은 혹시라도 반대 입장을 내보일 수 있으므로 회의 대상에서 배제되었다.

케네디 내각 중에도 계획에 반대하는 이들이 있었지만 CIA의 강력한 주장자들 앞에서 세가 밀릴까봐 입을 다물고 있었다. 그 결과 논쟁을 거의 일으킬 수 없어서 중요한 기본 가정이 있는데도 검증하지 못하고 넘어갔다. 그렇게 침공하면 실제로는 카스트로에 반대하여 급격히 일어나는 내부 소요를 발생시키게 될지도 모른다는 가능성을 검토하지 않았고, 쿠바군의 반격을 만나면 망명자들이 착륙지에서 80마일이나 떨어진 산속에서 어떻게 흩어져야 하는지에 대해 대책을 세우지 못했다. 그 결과 피그즈만 침공은 냉전 최악의 사태로 기록되었다. 100여 명의 인명 손실을 봤고 나머지 망명자들은 볼모로 잡혀갔다. 그 사건은 케네디 행정부의 중대한 허점이 되었고 미국의 국제적 입지에 치명타를 날렸다.

이렇게 피그즈만 침공에 볼품없이 실패한 후 케네디는 외교 의사결정 과정을 검토해서 5가지 중대 변화를 일으켰다. 의사결정 과정을 본질적으로 대화형으로 접근하는 것이었다. 첫째, 참가자들에게 특정 부서의 책임자라기보다는 무심한 비판적 사고가 , 즉 '회의적 제너럴리스트(skeptical generalists)'로서 토의에 참여하도록 요구했다. 둘째, 상원의원 로버트 케네디(Robert Kennedy)와 조언자 시어도어 소렌센(Theodore Sorensen)에게 현안의 맹점과 검증 안 된 가정의 모든 가능한 논점을 추적하도록 지적 감시단의 역할을 부여했다. 셋째, 태스크포스팀에게는 공식 아젠다와 상명하복을 없애고 의례의 규칙을 버릴 것을 지시했다. 넷째, 팀원들에게는 폭넓은 선택안 개발을 위해 하위 집단으로 나누어 토의하도록 지시했다. 마지막으로 팀에 영향을 주어 논쟁이 한쪽으로 치우치지 않게 하려고 초기의 몇몇 의사결정 회의에는 불참했다.

이 태스크포스팀은 1962년 10월 케네디 대통령이 소련 대사로부터 절대 그런 일이 없을 거라는 확답을 반복해서 받았는데도 소련이 쿠바에 핵미사일을 날렸다는 사실을 밝혀냈다. 케네디 대통령은 즉각 고위급 태스크포스를 소집했는데 여기에는 피그즈만 침공 문제를 담당했던 동일인들이 참여했다. 그들은 2주 동안 밤낮을 가리지 않고 모여 머리를 맞댔다. 시각을 넓히려고 회의 시간에 다른 인력을 초빙하기도 했다. 자유롭게 아이디어를 내기 위해 대통령이 없는 자리를 마련해서 모이기도 했다. 로버트 케네디는 기존의 대안을 비판하고 추가 대안들이 나오도록 분위기를 이끌면서 자신의 역할을 신중하게 수행했다. 그는 특히 항공 공습 시에는 단순한 한다 안한다(go-no-go)의 의사결정을 뛰어넘는 조처를 내도록 촉구했다.

결국, 하위 집단들은 한쪽은 해상봉쇄를 찬성하고 다른 한쪽은 항공공습을 찬성하는 두 입장을 내놓게 되었다. 이들은 광범위한 출처로부터 정보를 수집하여 유사한 첩보 사진들을 검토 해석했고, 공군전술단(Tactical Air Command)이 진정 국지공습에서 모든 소련 미사일을 몰아낼 수 있는지 아닌지와 같은 기본 가정을 확인하고 검증하기 위해 심혈을 기울였다. 하위 집단들은 제안서를 교환하여 서로의 입장을 비판했고 여러 대안에 대해 논쟁하기 위해 머리를 모았다. 마침내 태스크포스팀은 케네디에게 두 가지 선택안을 제시하면서 최종 선택권을 넘겼다. 그 결과 케네디는 신중하게 짜인 계획대로 해상봉쇄 쪽으로 의사결정을 내렸고 결국 성공하여 평화롭게 위기를 종결시킬 수 있었다.

6

지식경영의 신개념 CoP

엔티엔느 웽거
Etienne C. Wenger

윌리엄 스나이더
William M. Snyder

지식경영 기업들 사이에 신개념의 조직이 출현하고 있다. 바로 지식실행공동체(CoP, Community of Practice)라고 하는 조직이다. 이 CoP는 지금 한창 팽창 중인 기업 세계에서 지식경영을 위한 지식공유, 학습, 변화를 근본적으로 활기차게 만들어줄 것이라 예상된다.

CoP는 합치된 목적의 조직을 운영하겠다는 열의와 공동의 전문성을 갖춘 이들이 비공식적으로 모인 집단을 말한다. 기업 인력들이 CoP를 결성하는 이유는, 조직이 재편되었을 때 상대편과의 연계 업무를 지속하기 위해, 전자상거래의 등장과 같은 외부 변화에 대응하기 위해, 기업 전략이 바뀌었을 때 그 과제에 부응하기 위해서이다.

CoP가 어떤 환경에서 결성되었건 CoP의 구성원들은 문제에 대한 새로운 접근법을 키워주는 자유롭고 창의적인 방법을 통해 반드시 지식을 공유하게 된다. 웽거와 스나이더는 지난 5년에 걸쳐 국제 은행, 굴지의 자동차업체, 미 정부기관 등 다양한 조직의 성과가 CoP에 의해 개선되는 것을 목격해왔다. CoP는 기업이 전략을 추진하고, 새로운 사업 방침을 수립하고, 문제를 해결하고, 조직 내에 최고의 관행을 확산하고, 전문적인 직무 기술을 개발하고, 인재를 채용하고 보유할 수 있도록 도와준다.

CoP 같은 공동체는 자체적으로 조직되기 때문에 상부가 감독하고 개입하려 하면 거부하는 역설적 성격을 띤다. 그렇다고 해서 상부에서 그런 공동체를 개발하여 하나로 묶으려는 특별한 시도를 할 필요는 없다. 그저 자체적으로 조직되어 있으면 그 상태를 살려 충분히 활용하면 된다.

이 글에서 웽거와 스나이더는 관리자들이 CoP를 잘 유지하여 기업을 성공으로 이끌기 위해서 따라야 할 지침들을 설명해주고 있다.

지식경영의 신개념 CoP

지식경영의 새 흐름

오늘날 세계는 지식경제를 기반으로 돌아가고 있다. 기업들 역시 이러한 현실을 이용하여 지식경영을 펼치기 위해 부지런히 움직이고 있다. 이를 위해 지식경영에 필요한 아이디어와 노하우를 확보하고 확산시키기 위해 다기능팀, 고객·제품 중심 사업팀, 업무집단 등과 같은 조직 형태를 활용하고 있다. 단지 몇 가지 형태만 거론하자면 말이다. 이러한 형태로 조직을 구성하는 것도 많은 경우 조직에 큰 효율성을 안겨주기에, 아무도 그 소멸을 원치는 않을 것이다. 그러나 이러한 형태의 기존 조직들을 보완하고 지식공유, 학습, 변화를 확실하게 활성화시켜줄 신개념의 조직, 지식실행공동체(CoP)가 지금 출현하고 있다.

그렇다면 CoP란 과연 무엇일까? 간단히 말해 합치된 목적의 조직을 운영하겠다는 열의와 전문성을 갖춘 이들이 비공식적으로 모인 집단을 말한다. 심해시추 작업에 참가한 엔지니어들, 전략 마케팅을 전문화하고 있는 컨설턴트들, 대형 상업은행에서 수표 거래를 담당하는 일선 관리자들의 모임 등을 그 예로 들 수 있다. CoP들은 특정 요일에 식사를 하는 식으로 정기적으로 만나는 자리를 갖기도 하지만, 보통 일차적으로는 이메일 네트워크를 통해 연결된다. CoP는 어떤 주간에는 의제를 설정해놓을 수도 있고 다른 주에는 그렇지 않을 수도 있다. 또한 분명한 의제가 설정되어 있는 경우라 하더라도 반드시 그것을 준수하지 않아도 된다.

그러나 CoP 구성원들은 문제에 대한 새로운 접근법을 키워주는 자유롭고 창의적인 방법을 통해 자신들의 경험과 지식을 반드시 공유하게 된다. 그렇게 해서 나온 일차적인 산출물(지식)이 실체가 없기 때문에 CoP가 '가벼운' 경영 유행처럼 들릴 수도 있지만 실은 그렇지 않다. 우리는 지난 5년에 걸쳐 국제 은행, 굴지의 자동차업체, 미 정부기관 등 다양한 조직의 성과가 CoP에 의해 개선되는 것을 목격해왔다.

CoP는 기업이 전략을 추진하고, 새로운 사업 방침을 수립하고, 문제를 해결하고, 조직 내에 최고의 관행을 확산하고, 전문적인 직무 기술을 개발하고, 인재를 채용하고 보유할 수 있도록 도와준다(CoP가 기업을 돕는 방식을 보려면 이 글 마지막에 있는 'CoP의 기업 내 활동' 참조).

그런데 CoP가 이렇게 기업 경영의 효율성을 크게 높여준다면 왜 이제껏 많이 확산되지 않았을까? 거기에는 세 가지 이유가 있다. 첫째, CoP는 사실 옛날부터 존재해왔지만 경영학계에서 용어로 만들어진 것이 늦어졌을 뿐이다. 둘째, CoP를 도입하거나 육성하는 데에 성공한 앞서가는 기업들이 그리 많지 않기 때문이다. 셋째, 기업에서 CoP 조직을 구축해서 유지하거나 특히 나머지 조직과 통합시키는 일이 쉽지 않았기 때문이다. CoP는 유기적, 자연 발생적, 비공식적인 성격을 띠고 있어 상부 조직의 감독과 개입을 거부한다.

그러나 우리는 이러한 CoP의 역설적 성격을 극복하여 성공적으로 키운 수많은 기업들을 관찰해왔다. 우리가 전반적으로 발견한 측면은 CoP는 관리자들에 의해 강압적으로 통제되지 않는다는 사실이었다. 대신 성공적인 관리자들은 적합한 사람들을 공동체로 조직하여 그것이 발전할 수 있도록 인프라를 제공하고 비전통적인 방식으로 그 공동체의 가치를 측정한다. CoP 육성을 위한 이러한 일들은 쉽게 할 수 있는 일들은 아니지만 그것이 가져다주는 수확은 그러한 노력을 기울일 만하게 만든다.

CoP의 특징

CoP는 고대로 거슬러 올라갈 만큼 오래되고 흔한 형태의 공동체 형태이다. 예를 들어 고대 그리스의 '조합(corporation)'은 금속세공인, 도공, 석공, 기타 장인들이 결성한 것이었는데, 이 공동체는 사회적 목적(구성원들이 함께 동일한 자연신을 숭배하고 휴일을 축복하는 것)과 사업적 기능(구성원들이 도제를 훈련하고 혁신을 확산시키는 것)의 성격을 모두 띠고 있었다. 중세에는 유럽 전역의 장인들을 대상으로 비슷한 역할을 했던 길드(guild)가 있었다. 그런데 현대의 CoP는 한 가지 중요한 측면에서 이것들과 다르다. 일차적으로 자영업적인 근로 단체로서 조직되지 않고 거대한 조직 안에서 어떤 목적을 띠고 결성된다는 점이다.

CoP는 그 결성 배경만큼이나 다양한 성격을 띤다. 기업 인력들이 CoP를 결성하는 이유는 다양하다. 가령 팀 기반 조직으로 기업이 재편될 때 전문 기능직 직원들이 상대편과의 연계 업무를 지속하기 위해, 전자상거

래와 같이 조직 외부에서 야기되는 변화에 대응해서, 또는 금융업에 뛰어들려는 자동차업체나 컨설팅업에 뛰어들려는 컴퓨터업체처럼 조직 내부에서 새로운 조직 전략으로 인해 생기는 변화들에 발맞추어 CoP 공동체를 결성하기도 한다.

한 사업 단위로 이루어진 CoP가 있을 수 있고 여러 부서를 연결시키는 CoP도 있을 수 있다. CoP는 심지어 타기업 구성원들과도 결성할 수 있다. 가령 경영원탁회의를 결성하는 CEO들은 경영과 공공정책을 비롯해 여러 현안을 논의하기 위해 정기적으로 만난다. CoP는 보통 10여 명, 심지어 100여 명으로 구성되는데, 강렬한 주제의식으로 공동체에 활력을 불어넣고 지적 사회적 리더 역할을 하는 참가자들이 보통 핵심세력을 이룬다. 큰 CoP들은 종종 지리적 여건이나 사람들의 적극적인 참여를 유도할 수 있는 주제에 의해 하위 조직으로 다시 나뉘어진다.

CoP는 몇 가지 방식에서 다른 형태의 조직들과 다르다(이에 대해서는 다음의 표 6-1 '여러 조직 형태의 간략 비교'를 참조). CoP는 팀제와 어떤 식으로 다를까? 팀은 특정한 프로젝트를 완수할 목적 하에 관리자들에 의해 결성된다. 관리자들은 팀원들을 뽑을 때 팀 목표에 기여하는 능력을 기준으로 뽑고 프로젝트가 완수되면 그룹을 해체한다.

반면 CoP는 비공식적인 조직이다. CoP는 자발적으로 조직되어 구성원들이 의제를 스스로 설정하거나 리더를 선정할 때도 자체적으로 해결한다. 다른 말로 하면 CoP 구성원들은 자신들이 공동체를 언제, 어떤 경우에 결성해야 하는지, 자기들이 공동체에 무엇을 기여하고 공동체로부터는 무엇을 취해야 하는지, 기존 구성원이 새로운 구성원을 공동체에 영입시키면 그가 조직에 적합한지 아닌지 등을 감으로 판단하면서 조직을 운영한다는 것이다.

표 6-1 조직 형태의 비교

CoP, 공식적 업무집단, 프로젝트팀, 비공식 네트워크는 서로 보완적인 방식으로 이용하면 좋다. 아래에 각각의 특성이 나와 있다.

	결성 목적	구성원 성격	결속 요소	지속 기간
CoP	구성원들의 역량을 개발하여 그들의 지식을 구축하고 교환하기 위해 결성	자발적인 참여	열정, 사명감, 그룹 전문성에의 귀속의식	공동체를 유지하고자 하는 관심이 존재하는 한 지속
공식적 업무집단	제품 및 서비스를 제공하려는 목적	조직의 관리자에게 보고하는 모든 구성원	직무 요구사항과 공동 목표	다음 조직재편 때까지
프로젝트팀	특정한 임무를 완수	고위 경영진이 배정하는 인력	프로젝트의 사명과 목표	프로젝트가 완료될 때까지
비공식 네트워크	사업 정보를 수집하여 제공하려고	친구나 사업적 친분자들	상호의 필요	서로 연결될 이유가 있는 한 지속

 CoP의 실행 사례를 친숙하게 설명하기 위해 다음에 두 예를 들어놓았다. 인디애나 주 리치몬드에 있는 세계적인 애완동물 전용 사료 공급업체인 힐스 펫 뉴트리션(Hill's Pet Nutrition) 공장의 라인 기술자들은 코앞의 현안이나 최근에 있었던 사업 성공이나 실패에 대한 이야기를 주고받기 위해 자주 모임을 갖는다. 힐스 펫 뉴트리션의 관리자들과 기술자들은 CoP에 관해 열린 한 회합에 참석한 적이 있었는데, 거기에서 CoP의 개념과 기업이 전문 기술을 개발해서 보유하려면 그러한 조직을 적극 권장해야 한다는 사실을 배운 뒤, 몇 년 뒤 실제로 CoP를 결성한 것이다. 그룹에는 매주 업무의 진행 상황을 파악하여 적절한 전문성을 지닌 인력이 해당 직무에 배치되어 있는지를 확인해주는 '장'이 있는데 그는 동료들에 의해 선출된다. 공장은 사람들이 그런 비공식적 모임을 갖는 것을 허락한다. 참석하는 이들은 의제에 따라 그때그때 다르다.

우리는 최근에 열렸던 모임을 관찰한 적이 있다. 1교대와 2교대에서 온 12명의 기술자들이 공장이 내려다보이는 유리벽 회의실에서 큰 원탁을 사이에 두고 회의를 하고 있었다. 회의 시간은 오후 중반이었는데 자신의 '진짜' 업무를 하기 위해 7시간 후면 현장으로 돌아가야 할 3교대 소속 로저가 곧 회의실에 들어왔다. 로저는 사료통을 포장실까지 실어나르는 컨베이어벨트를 기송관 컨베이어벨트로 교체하자는 제안을 한 존을 돕기 위해서 특별히 동석한 것이었다. 로저가 배관시설부 사람이라 특별히 관련이 있었기 때문이었다.

공장의 고위 관리자들은 자동으로 돌아가는 기송관 컨베이어벨트 아이디어에 호의를 보이지 않았다. 기술자들이 정신을 바짝 차리고 운영하기만 하면 컨베이어 시스템에 아무 문제가 없을 거라고 생각했기 때문이다. 그 새로운 접근 방법은 검증도 안 됐고, 어떻게 해도 공장의 기존 기술과 통합되기에는 어려운 점이 있을 거라고 여겼다. 그럼에도 모임 참여자들은 존에게 이 아이디어로 경영진을 계속 설득하라고 용기를 주었다. 존은 CoP의 동료 전문가들도 그의 제안을 긍정적으로 바라본다는 사실을 알기에 적극 밀어붙였다. 동료들은 존의 제안을 받아들이기 전에 테이블 주위에 서서 최근에 열렸던 풋볼 경기 얘기를 하는 식으로 의례적인 인사말을 주고받으면서, 지난주 회의 주제였던 새로 들어온 기술자들의 능력을 검증할 방법에 대해서도 의견을 주고받았다. 그런 다음 존의 제안으로 화제를 돌렸다.

먼저 빈스가 경영진 측의 우려 사항을 검토하면서 시작했다. 그 다음 존의 차례가 되어, 그는 다른 공장의 동료들이 그 기술의 신뢰성과 기존 장비와의 호환성을 보증한 내용을 증거로 새로 제시했다. 로저는 자신의 경험을 토대로 존이 새로 제시한 증거를 확인해주었고, 다음에 존이 경영진을 만나 아이디어를 제안하는 자리에도 함께 가서 힘을 실어주겠다고 했다.

CoP가 나서서 존의 제안을 지원한 노력은 결국 성사가 되었다. 모임이 있은 1년 뒤 회사는 존의 아이디어를 채택하여 새로운 기술을 도입했다. 그렇다면 그 결과는 어찌 되었을까? 수동 컨베이어벨트로 인한 작업 중단 시간과 포장 중 사료 낭비량이 현저하게 절감되었다. 이런 식으로 CoP는 회사와 직원 모두에게 큰 이득을 안겨주고 있었다. CoP를 통해 직원들은 골치 아픈 문제들을 해결하고 공장을 효과적으로 운영할 아이디어를 발언할 기회를 얻었고, 운영 개선을 낳은 아이디어를 낼 경우 성과와 연계된 보너스 형태로 보상도 받을 수 있었다.

CoP 실행 사례의 두 번째 예는 휴렛팩커드이다. 휴렛팩커드에서는 북미 지역을 담당하는 제품배달 컨설턴트들로 이루어진 CoP가 전화회의로 매주 열린다. 이 CoP는 고객의 컴퓨터 작업 중지 시간을 최소화시켜주는 고가용성 솔루션 소프트웨어 제품에 집중하고 있다. 그동안 다소 고립된 상태에서 일하던 컨설턴트의 핵심 그룹이 지식경영 지원팀에서 나온 퍼실리테이터의 도움으로 몇 해 전에 합쳐진 것이다. 그 결과 이 CoP는 소프트웨어 판매와 설치 과정을 표준화하고, 영업사원들이 참고할 가격 체계를 일정하게 확립하는 일에 성공했다.

매주 열리는 전화회의에 참여하는 일은 자발적으로 이뤄지지만 참여 수준은 꾸준하다. 한 회의에서는 그 제품을 설치한 주요 고객에 대한 모린의 경험이 초점이 되었었다. 그러나 본격적인 의견 교환에 들어가기 전에 컨설턴트들은 10분 정도를 최근에 일어난 조직개편에 대해 잡담하면서 보냈다. 조직개편의 어떤 점이 잘 됐는지 그것이 자신의 업무에 어떤 영향을 미치는지 등에 대해 의견을 나누면서 말이다.

모린은 많은 시간을 들여 공식적인 프리젠테이션을 준비한 것이 아니었다. 스스럼없이 열린 마음으로 대화에 임해야 서로 마음을 터놓고 의견을 주고받을 수 있어서 모임에도 결국 도움이 될 거라고 생각했기 때문인 것 같았다. 전화회의 동안 다른 참여자들은 자기들 경험을 토대로 한 질문과 예를 가지고 계속 그녀와 논쟁을 벌였다. 이런 과정을 통해 모린은 고객과 효과적으로 일할 수 있는 방법을 더 잘 이해하게 되었다.

이 대화가 끝난 뒤 이제 소프트웨어의 지속적인 버그 문제로 화제가 옮겨갔다. 이날 모임에는 그 제품을 개발한 소프트웨어부의 직원 롭이 참석했는데, 제품배달 컨설턴트들과 소프트웨어 개발자들이 좀 더 끈끈한 유대관계를 맺을 수 있도록 참석해달라는 요청을 받은 것이었다. 그는 버그 제거 방법은 이미 만들어진 상태였는데, 그날 전화회의에서 오고간 이야기로부터 그것을 소프트웨어 안에서 수리할 더 효과적인 아이디어가 떠올랐다고 한다. 그는 다음 달에 열릴 회의에도 참석하여 그 결과를 보고해주겠다고 말했다.

CoP에 참석한 이들은 자신들의 직무와 직접적인 연관이 있는 문제들에 집중함으로써 함께 배우고 있었다. 짧은 기간 동안 이루어진 효과로는 일이 훨씬 쉽고 효과적으로 바뀌었다는 점을 들 수 있고, 긴 기간 동안 이루어진 효과로는 CoP와 더불어 공동 관행을 구축할 수 있었다는 점을 들 수 있다. 그 결과 CoP는 조직이 계속 성공하는 데에 필요한 절대적인 능력들을 개발할 수 있게 되었다.

CoP의 장점은 자기영속성이다. CoP 구성원들은 계속 지식을 창출하는 가운데 스스로를 강화시키면서 거듭난다. CoP는 황금알이면서 동시에 그것을 낳아주는 거위가 될 수 있다. 동화 속 농부는 황금알을 몽땅 얻으려고 거위를 죽여서 결국 모두를 잃고 말지만, 기업은 그 거위를 잘 감식해내고 거위가 황금알을 낳게 할 방법까지 잘 파악해내야 할 것이다.

CoP를 키워라

CoP는 원래 자율적으로 조직되는 비공식적 집단이지만 육성을 통해서도 CoP가 주는 혜택을 볼 수 있다. 식물을 키우듯 그 본성을 살려서 자상하게 보살펴주면 CoP는 그에 반응을 보인다. 옥수수대가 빨리 크게 자라라고 끄집어 당기거나 금송화가 뿌리가 잘 내렸는지 확인하려고 홱 뽑아보는 경우는 없을 것이다. 그 대신 흙을 갈아주고, 잡초를 뽑아주고, 물을 주고, 비료를 주면서 노심초사 들여다볼 것이다. 특별히 재배하지 않아도 어디선가 야생화는 필 것이지만 자신이 일부러 씨를 뿌려 재배한 꽃은 더 소중하고 예뻐 보일 것이다.

CoP를 육성하는 일은 이렇게 씨를 뿌려 꽃을 재배하는 일과 같아서 피어난 CoP가 말라죽지 않고 계속 꽃 피게 하려면 관리자들은 다음과 같은 일을 해야 한다.

- 회사의 전략적 역량을 높여줄 예비 CoP를 확인한다.
- 그러한 CoP를 지원하여 구성원들의 전문성이 잘 살아나게 할 인프라를 제공한다.
- 회사의 CoP 가치를 평가할 비전통적 방법들을 활용한다.

예비 CoP 발굴하기

CoP는 진공상태에서 만들어지면 안 된다. 대부분의 경우 조직의 핵심 역량들을 개발시킬 능력과 열정을 품고 있는 인력의 비공식적 네트워크들은 이미 존재하고 있으므로, 그런 집단을 발굴해서 CoP로 성장할 수 있도록 키우면 된다. 가령 쉘(Shell)의 경우, 이 회사에서는 새로운 CoP를 발굴하고자 하는 사람이 컨설턴트의 도움을 받아서 예비 구성원들을 면담하는 일을 허용하고 있다. 그들은 기업 내 전체 부서와 팀을 살펴보면서 CoP 육성의 근거를 제시해줄 공동의 과제와 문제들이 있는지를 파악한다. 구성원들을 대상으로 실시하는 면담은 정보 수집의 수단이 될 뿐만 아니라 초기 단계의 CoP를 결성하는 데에 그들의 열의를 끌어올릴 수 있는 수단이 되기도 한다.

CoP 육성 코디네이터가 기초 작업을 한 다음, 구성원들을 한데 끌어 모으면 이제 CoP 집단은 개인역량과 집단역량을 구축하여서 회사의 전략 의제를 개선시킬 활동 계획을 논의하기 시작한다.

CoP를 육성할 때 핵심적으로 다루어야 할 일은, CoP의 활동 영역을 재정의하는 것이다. 그러나 활동 영역이 정립되었다 해도 구성원들의 전문성과 관심이 집단과 연결되지 못하면 그들은 공동체 활동에 충분히 헌신하려 들지 않게 된다. 미국 제대군인 위원회(U. S. Veterans Administration)도 불만처리 부서에서 CoP를 시작한 적이 있는데, 이러한 사실을 여실히 보여준 사례였다. 이곳 CoP의 핵심 집단은 처음에는 자신들이 CoP를 결성한 주요 목적으로 직원들의 불만처리 능력과, 관련 절차 및 기기를 모두 개선하고자 한다는 뜻의 포괄 용어로서 '기술역량'이라고 정의했다.

그런데 결성된 첫 해에 직원들의 핵심 그룹 참여가 자꾸 제한적으로 이뤄지고 진행 과정도 더뎠다. 그러자 그들은 더 활동적인 구성원들이 더 신속하게 활동하도록 만들려면 CoP의 영역을 재정의해야 한다는 결정을 내렸다. 그래서 일선 관리자, 고객서비스 담당자, 교육 코디네이터로 이뤄진 하위 CoP를 구성했다. 그 결과, 일선 관리자들은 새로운 불만처리 팀 도입에 정보를 제공해주었고, 고객서비스 담당자들은 처리시간 단축

기준을 마련하는 것에 도움을 주었으며, 교육 코디네이터들은 조직 전반의 교육 훈련 모듈을 업그레이드하는 데에 도움을 주었다.

인프라 제공하기

CoP는 확고한 조직으로서의 정당성이나 예산이 부족해서 보통 취약한 성격을 띤다. 따라서 CoP가 잠재력을 완전히 발휘하려면 상부 비즈니스에 통합되어 특정한 방식의 지원을 받아야 한다.

임원들은 CoP가 잠재력을 완전히 발휘할 수 있도록 시간과 돈을 투자하여 도와야 한다. 이 말은 CoP들이 CoP 업무를 지원하지 않는 IT 시스템, CoP의 기여도를 간과하는 승진 체계, 협력 활동을 좌절시키는 보상 구조와 같은 장애물을 헤쳐나가야 할 때 개입하여 이를 해결해주어야 한다는 의미이다. 또 기업대학(corporate university)과 같은 관련 프로젝트에 CoP들을 연계시키는 일도 이에 들어갈 수 있다.

또 공식 후원팀을 제공하여 지원하는 것도 한 가지 방법이다. 후원팀은 CoP를 설계하거나 CoP의 활동 목표를 지시하는 일대신 자원과 협력을 제공하여 CoP의 내부 리더들에게 협조하는 쪽의 일을 한다.

기업에는 이런 후원 활동을 위한 나름대로의 접근 방식들이 있다. CoP를 지식경영 전략의 기반으로 삼아 운영한 아메리칸 매니지먼트 시스템(AMS, American Management Systems)과 세계은행의 경우를 각각 비교해보자. 세계은행은 공식-비공식 방법들을 연결시키는 데에 반해 AMS는 특히 공식적 접근만을 취하는 차이가 있다. AMS는 몇 해 전 성장과 세계화라는 치열한 시기를 거친 결과, 회사 전체의 지식을 이용하는 능력이 약화되고 있었다. 당시 회장 찰스 로소티(Charles Rossotti)는 전략 지역에 CoP를 구축하기 위해 각 부서에서 지명한 '생각의 리더(thought leaders)'를 사적으로 불렀다. 그리고 이들이 매년 2, 3주 동안 CoP 활동을 하면 회사는 그에 대해 보상을 해주었다.

AMS의 CoP 회원 자격은 특권이다. 예비 구성원이 CoP에 참여하려면 관리자들로부터 전문가로 인정을 받아야만 한다. CoP 회원 자격을 얻었다고 하더라도 계속 그 지위를 유지하려면 매년 지식개발 프로젝트를 한 가지씩 완수해야만 한다. 가령 최고 관행 문서화하기 등의 일을 들 수 있다. CoP 구성원들의 활동비를 지원하는 곳은 그들이 속한 부서이다. 부서는 그들의 연간 프로젝트에 자금을 지원하고, 그들의 워크숍 참여를 관할하고, 그들에게 기업의 CoP들이 한데 모이는 연례 회의에 보내준다.

세계은행의 제임스 올펜손(James Wolfensohn) 사장은 조직을 '경제개발에 관한 고품질 정보를 제공하는 국제자원으로서의 지식은행'으로 만들겠다는 포부를 세워서 빈곤 퇴치의 사명을 훌륭하게 완수했다. 그런 다음 회사 전체에서 핵심 인물들을 선발하여 CoP 육성의 프로젝트를 맡겼다. 누구나 회원으로 참여할 수 있으며, 참여 수준도 자기들의 필요에 따라 결정한다. CoP에 대한 자금 관리는 각자 특정 활동을 위한 지원을 받아서 스스로 예산을 관리하는 식으로 이뤄진다.

AMS와 세계은행은 모두 고위 경영진으로 구성된 위원회를 통해 CoP를 후원한다. 지원팀들은 CoP 개발을 이끌고, 연례 회의, 지식 박람회, 정보제공 서비스, 기술 지원 등의 일을 조정해준다. 또한 CoP 리더를 보좌하는 지식 관리자들에게도 자금 지원을 한다. CoP의 여러 활동을 조정해주고, 행사를 조직하고, 구성원들의 의문 사항을 해소시켜주고, 조직이 최신 외부 정보를 늘 접할 수 있도록 해주는 역할은 퍼실리테이터들이 맡아 한다.

AMS는 CoP 구성원들에게 분명한 보상을 제공해주려고 여러 방법을 쓴다. CoP 구성원들의 일을 공식적으로 인정하고, 혁신 기술에 일찍 접근할 수 있게 해주고, 그들의 전문성을 입증해주는 특별 명함을 제작해주는 등의 비영리적 보상을 제공한다. 세계은행은 인적자원 평가 시스템을 통해 CoP의 참여를 공식적으로 인정해주긴 하지만, 별도의 보상책은 쓰지 않고 CoP들 자체의 이점들로 구성원들의 참여를 유도하는 면이 있다. 서로 모여 문제를 해결하고, 새로운 아이디어들을 개발하고, 동료들과 열정을 함께 나눌 수 있는 기회를 제공하는 것으로 대신하는 것이다.

AMS와 세계은행의 CoP들은 인력과 아이디어를 한데 결합시키고, 그것을 토대로 구축한 지식을 기업의 국제적 운영 조직 전반에 퍼뜨린다. 그리고 그런 활동을 통해 조직이 목표를 수행하는 데에 눈에 띠는 공헌을 해왔다. 이 두 사례는 CoP가 조직문화와 연계되면서 고위 경영진에 의해 지원받는 방법은 다르지만 조직의 성공에 매우 효과적인 영향을 미치고 있음을 보여준다.

비전통적인 가치 평가 방법

리더들은 인력 개발의 혜택을 직감에 의존해 인식한다. 그런데 대부분 CoP의 가치 파악에는 어려움을 느낀다. 일차적인 이유는 CoP 활동의 결과가 나중에야 나타나기 때문이다. 또 다른 이유는 CoP 활동의 결과가 보통 CoP 단위가 아니라 팀과 비즈니스 단위로 드러나기 때문이다. CoP 회의 동안 부상한 훌륭한 아이디어가 다른 환경에서 잘 안착이 될지를 판단하는 것도 종종 어렵다. 이렇게 여러 가지 이유로 복잡하기 때문에 CoP의 가치를 평가하는 일이 관리자들에게는 그리 쉽지 않다.

최선의 방법은 구성원들의 이야기를 잘 들어보는 것이다. 그러면 CoP의 활동, 지식, 성과 간의 복잡한 관계가 윤곽이 좀 잡힌다. "모임에서 나온 아이디어 덕분에 고객에게 우리 서비스를 계속 이용하시라고 잘 설득할 수가 있었어요.", "모임에서 들은 조언 덕분에 보통 때면 2주나 걸릴 일을 이틀 만에 해치울 수 있었어요.", "모임의 후원을 받는다는 확신이 있었기 때문에 위험을 감수해서 결국 일이 성사됐어요."라는 말처럼 구성원들은 CoP의 가치를 평가해줄 것이다.

CoP의 가치를 평가하기 어렵다면 그 해결책은 일단 구성원들의 일화를 체계적으로 모아보는 것이다. 개별 사건들이 대표성을 띤다고 볼 수 없기 때문에 특정한 이야기나 감동적인 이야기들만 수집해서는 안 된다. 여러 이야기를 체계적으로 수집하려는 노력을 기울여야 CoP 활동의 다양성과 범위를 포착할 수 있다.

쉘에서는 CoP 조정자들이 면담을 통해 이러한 일화를 수집하고 나서 사보나 보고서로 발행한다. AMS는 매년 콘테스트를 열어 최고의 성공담을 뽑는다. AMS에서 CoP 성공담들을 모아 분석한 결과, CoP를 운영한 덕분에 200만 달러에서 500만 달러의 비용절감 효과를 보았고 연 최소 1300만 달러의 매출 신장을 이루었다는 사실도 확인되었다.

새로운 개념 CoP

CoP라는 조직이 지금 지식경영 기업들에 출현하고 있으므로 지식경영 기업에 몸 담고 있는 관리자들은 첫째 CoP란 무엇이며, 그 역할은 무엇인지를 파악해야 한다. 둘째, CoP야말로 지식경제의 문제를 해결해줄 지식 개발의 숨은 수원지라는 사실을 알아야 한다. 셋째, CoP는 비공식 조직이지만 그것을 육성하기 위한 특정한 관리 노력이 필요하다는 사실을 깨닫고, CoP를 조직에 통합하여 그 장점을 완전하게 활용할 수 있어야 한다.

　CoP는 지식경영의 새로운 지평이다. 지금은 낯설어 보이지만 5년에서 10년 후에는 오늘날 조직이 사업 단위나 팀제로 나뉘듯이 CoP 단위로 나뉘어 활동하는 것이 일반적인 모습이 될 수도 있다. 다만 CoP를 기업 성공의 핵심 부분으로 만들 수 있는 방법을 잘 터득해나가는 것은 관리자들의 몫이다.

:: CoP의 조직 내 활동

CoP는 다음과 같은 몇 가지 중요한 방식으로 조직에 가치를 낳아준다.

CoP는 전략 추진을 돕는다

세계은행의 지식경영 전략에서 심장이자 영혼은 CoP였다. 세계은행 내부에 몇 년 동안 소규모 조직으로 파편적으로 존재해왔던 CoP들이 이제는 세계은행을 경제개발에 관한 고품질 정보를 제공하는 '지식은행'이 되고자 하는 지식경영 회사로 탈바꿈시켰다. 세계은행이 CoP에 자금을 지원하기로 결정하자 조직 전반에 걸쳐 그 수가 급격하게 늘어 지금은 100개에 달할 정도가 되었고, 직원들의 참여도 크게 높아졌다. 세계은행은 지금 경제개발 전문가들에 대한 자금 지원에 중점을 두는 사업을 보완해가고 있는데 이에 따라 CoP들도 은행의 그러한 전략 방향에 맞추어 크게 기여하게 될 것이다.

CoP는 새로운 사업 라인도 발족시킨다

한 회사의 컨설턴트 집단이 CoP를 결성하여 전혀 새로운 사업 라인을 발족시킨 적이 있다. 그 집단은 고객들과 만나는 시간에 짬을 내어 오하르 공항에서 정기적인 모임을 가졌다. 그들의 분야는 은행업의 소매 마케팅이었는데 정기적으로 모여서 고객들에게 새로운 사업 기회를 제공해줄 방법을 놓고 서로 머리를 맞댔다. 초기에 5명에서 7명의 컨설턴트로 이루어져 있었던 그들 모임은 2년여 동안 회사 안에서 많은 인력을 끌어들일 수 있었다. 그러다 첫 모임을 가진 4년 뒤, 금융 서비스 회사들을 대상으로 새로운 마케팅 전략을 창출해냈다. 그리고 그해 연례회의 때는 뉴올리언즈의 회사로부터 200명을 끌어모았다. 이 CoP는 비즈니스 통찰력의 배양실로 활동하면서 많은 고객도 확보하고 명성도 높여갔다.

CoP는 문제해결 능력이 빠르다

CoP 구성원들은 어떤 문제를 누구에게 물어야할지, 그리고 어떻게 질문을 해야 상대가 빨리 이해해서 문제의 핵심에 도달할 수 있는지를 잘 안다. 버크맨 랩스(Buckman Labs)에서는 전 세계의 CoP 구성원들이 하루 종일 실행과 관련된 질의들을 처리한다.

퍼시픽 노스웨스트(Pacific Northwest)지역에서 있었던 일로, 펄프밀(나무를 펄프로 만드는 공장)에서 일하던 한 직원이 고객의 색소 잔류 고민을 해결해주려고 시도했다가 유럽, 남아프리카, 캐나다의 전문가들로부터 하루 만에 수십 건의 응답을 받았다. 그리고 그 중 한 응답에는 고객이 원하는 해결책이 정확하게 들어 있었다.

CoP는 최고 관행을 조직 내에 확산시킨다
CoP는 특정 문제를 처리해주는 이상의 일을 한다. CoP는 회사 전반에 최고 관행을 알리고 확산시키는 이상적인 포럼이기도 하다.

클라이슬러는 1990년대 초반에 기능 위주의 부서를 해체시키고 소형차나 미니밴 같은 자동차 플랫폼을 위주로 조직을 재편성하면서 이를 경험했다. 클라이슬러의 리더들은 앞서가는 변화를 따라잡을 기능적 전문성과 역량을 잃을까봐 두려워했는데, 고위 관리자들과 엔지니어들은 여러 자동차 플랫폼에서 온 전문가들로 구성된 '기술클럽(tech club)'이라는 CoP들을 결정해서 이런 걱정을 몰아냈다. 기술클럽들 덕분에 클라이슬러는 여러 플랫폼 사업으로 옮겨갈 수 있었다. R&D 비용과 자동차 개발 사이클을 50% 이상 절감시킨 변화였다.

오늘날 이 기술클럽들은 통합 기업 다임러크라이슬러(DaimlerChrysler)에서도 중요한 부분을 차지한다. 다임러크라이슬러 클럽들은 몸체 디자인, 전기 공급, 차량 개발 등을 비롯한 11개 분야에 걸쳐 제품개발 문제들을 논의하기 위해 정기적으로 만난다. 그들은 다양한 관행들을 분석하여 그 표준을 세우는 작업을 한다. 기술클럽에 참여하는 엔지니어들은 엔지니어링 지식공유서(Engineering Book of Knowledge)를 개발하여 유지하는 일도 맡는다. 이 책은 순응 기준, 공급자 사양, 최고 관행 등에 관한 정보를 수집하는 데이터베이스의 역할을 하고 있다.

CoP는 전문 기술을 개발해준다
연구에 의하면 도제들은 기능장에게서도 배우지만 그 과정 중에 직공이나 한 수준 높은 도제들로부터도 배운다는 사실이 밝혀졌다. 학습 상대가 있고, 그들이 멘토와 코치 역할을 잘 해줄 때 학습 효과가 높아지는 것은 분명한 것 같다. 이는 비숙련 근로자의 교육뿐 아니라 전문가의 교육에도 적용된다. 최고의 신경외과의들은 자신들의 명석함에만 의존하지 않고, 동료들의 리뷰를 읽고, 동료들이 새로운 연구에 대해 토의하는 회의에 참석하고, 혁신 기술을 개발한 의사들로부터 한 수 배우기 위해 먼 거리를 마다 않고 찾아간다.

어떤 기업들은 CoP가 전문성을 개발시키는 데에 특히 효과적인 장이 된다는 사실을 깨달아 이를 경영에 적용하고 있다. IBM의 CoP들은 대인적으로든 온라인으로든 자체적인 회의를 여는데, 프레젠테이션을 하거나, 복도에서 서성이며 대화를 나누거나, 저녁 식사를 함께 하거나, 휴게실에서 떠드는 등의 모든 행위가 구성원들 사이에 서로 아이디어를 교환하고 기술을 구축하며, 네트워크를 개발시키기 위한 좋은 기회로 작용한다.

CoP는 기업이 인재를 충원하고 보유하게 해준다

AMS는 CoP가 기업들 간의 인재 전쟁에서 이기도록 도와준다는 사실을 알았다. 그래서 회사를 그만두려고 했던 한 컨설턴트는 CoP의 동료들이 그녀의 관심 사항과 전문성에 맞춘 프로젝트 기회들을 찾아주자 계획을 취소하고 회사에 계속 남았다. 다른 소중한 컨설턴트들도(한 관리자의 보고에 의하면 한 6명 정도 되는 것 같다) 기술 개발로 새로운 고객 발굴의 기회를 전해줄 특별 CoP에 참여하도록 초청받은 뒤에 회사를 떠나지 않고 남았다.

7

다기능팀에 맞는
성과측정 시스템

크리스토퍼 메이어
Christopher Meyer

많은 기업들이 통제 중심의 기능적 수직 조직을 보다 신속하고 수평적인 다기능팀제로 전환시켰다. 그러나 이들 기업이 예전에 사용하던 성과측정 시스템은 새로 등장한 팀제 조직을 제대로 지원하지 못할 뿐 아니라 팀의 성과를 저해한다고 크리스토퍼 메이어는 말한다. 결과에 초점을 둔 전통적인 측정 시스템은 사업 성과의 점수를 매기기에는 유용할지 모르지만 주어진 과정을 수행하는 팀제 조직의 활동이나 역량을 점검하는 데에는 도움이 안 된다는 것이다. 단순히 결과만을 측정해서 알려주기 때문에 팀의 성과를 높이기 위한 방법에 대해 아이디어를 얻기도 힘들다.

그렇다면 이러한 전통적 시스템의 맹점을 극복하고 팀제 조직의 역량을 최대한 이끌어낼 수 있는 성과측정 시스템은 어떤 분석을 통해 마련해야 할까? 우선 최고 경영진이 아니라 팀이 직접 업무 과정을 측정하도록 만드는 일에 가장 큰 역점을 두어야 한다. 그러려면 제대로 권한위임을 받은 팀이 팀 자체의 측정 시스템을 주도적으로 설계하도록 만들어야 한다. 그리고 팀은 다기능성에 머무르면 안 되고 최종적으로는 그것을 초월한 가치전달(value-delivery)역할을 이행해야 하기 때문에 이 가치전달 과정을 추적할 수 있는 새로운 측정지표들을 마련해야만 한다. 그리고 최종적으로는 그 중 중요한 몇 개의 지표만으로 제한해서 채택해야 한다.

여기에서 고위 경영자들이 수행할 수 있는 중요한 역할은, 팀에게 기업의 전략 목표를 제시해서 각각의 팀들이 그것을 어떻게 구체적인 목표로 세우는지 확인한 뒤 그에 따라 자체적인 성과측정 시스템을 고안할 수 있도록 교육하는 것이다. 팀에게 가장 적합한 측정 시스템을 자신들이 이미 잘 알고 있다고 생각하는 우를 범해서는 안 된다. 이런 실수를 범할 경우 기존의 명령- 통제 체제로 퇴보하게 되어 자신들이 권한을 위임한 팀들을 무기력하게 만드는 결과를 초래할 것이다.

다기능팀에 맞는 성과측정 시스템

성과측정 시스템 구축의 기본 원칙

많은 경영자들은 프로세스 중심의 다기능팀이야말로 자사 제품과 서비스를 고객에게 전달하는 방식을 획기적으로 개선할 수 있다고 인식하고 있다. 그러나 그러한 팀제 조직이 임무를 충실히 수행하기 위해서는 새로운 성과측정 시스템이 필요하다는 사실을 깨달은 이는 거의 없는 듯하다.

모든 성과측정 시스템의 설계에는 그것이 지원하는 조직 운영의 기본 전제들이 반영되어야 한다. 조직은 변했는데도 성과측정 시스템은 그대로 유지된다면 효율성도 떨어지고 역효과만 날 것이다. 통제 중심의 기능적 수직 조직을 보다 신속하고 수평적인 팀제 조직으로 전환시킨 많은 기업들에서 이런 흐름을 따라가지 못하는 전통적인 성과측정 시스템은 새로운 형태의 팀제 조직을 제대로 지원해주지 못할 뿐 아니라 팀 성과를 오히려 저해한다. 실제로 전통적인 성과측정 시스템을 고수하다 보면 종종 다기능팀과 팀 내 각 기능 부서 사이에 커다란 괴리감이 발생하여 오늘날 많은 기업들이 고민에 빠지고 있다.

팀제 조직을 이상적으로 지원하기 위해 만들어진 성과측정 시스템은 팀 역량을 최대한 이끌어내는 데에 걸림돌이 되는 다음 두 가지를 해결해야 한다. 첫째, 팀이 필요로 할 때 팀 내 각 기능들이 전문성을 제공하도록 만들어야 한다. 둘째, 한 팀을 이루고는 있지만 각자 다른 기능을 보유한 팀원들 간에 같은 언어가 구사되도록 만들어야 한다. 그런데 전통적인 측정 시스템들에서는 이러한 문제의 해결을 기대할 수가 없다.

지금 대부분의 기업들이 여전히 채택하고 있는 성과측정 시스템은 고위 경영자가 '올바른 의사결정'을 하달하는 데에 쓰일 '좋은 정보'를 뽑아내는 역할을 주로 하고 있다. 이렇게 하기 위해 조직 내 개별적인 독립 기능 부서들은 최고 경영진에게 자신들의 활동을 알리기 위한 자체 측정지표들을 가지고 있다. 마케팅부서는 시장점유율을 추적하고 생산부서는 재고 수준을 주시하며 재무부서는 비용을 감시한다.

그런데 그러한 결과측정지표(result measures)는 조직이 목표를 어느 정도까지 달성했는지는 알려주지만, 거기에 어떻게 도달했는지, 그리고 더욱 중요한 것으로서 앞으로는 무엇이 개선되어야 하는지를 알려주지는 않는다. 대부분의 결과측정지표는 한 기능 부서 안에서 진행되고 있는 사항을 추적해주긴 하지만 여러 기능 부서들 간에 전반적으로 일어나고 있는 사항은 추적해주지 않는다. 기업에서 일부 활용되고 있는 기능 부서 간 결과측정지표들도 매출액, 매출이익, 매출원가, 자산, 부채 등 전형적인 재무지표일 뿐이고, 그나마 최고 경영진들을 지원하기 위해서 있을 뿐이다. 반면에 과정측정지표(process measure)는 어떤 조직 전반에 걸쳐 주어진 결과물이 산출되는 과정 안의 과업과 활동을 감독해준다. 이러한 과정측정지표는 주문 처리나 신제품 개발과 같이 고객에게 서비스와 제품을 전달하는 전체 과정을 관할하고 있는 다기능팀에게 필수적이다. 전통적인 기능적 조직과는 달리 팀제 조직은 과정측정지표를 적용할 수 있는 성격을 띨 뿐 아니라 그것을 필요로 한다.

그렇다면 팀 효율을 최대한 이끌어내기 위한 성과측정 시스템은 어떤 분석을 통해 마련되어야 할까? 다음에 4가지 기본 원칙을 제시해놓았다.

1. 성과측정 시스템은 최고 경영진보다는 팀 자체를 위한 것이다. 업무 진척 상황을 파악하는 수단이 되도록 하는 일에 최고의 역점을 두어야 한다.

또한 팀에게는 팀이 언제 수정 조치를 취해야 하는지를 알려주는 도구로서의 기능을 일차적으로 수행할 수 있어야 하고, 최고 경영진에게는 팀이 자체적으로 풀 수 없는 문제들을 해결해주기 위한 수단을 제공해줄 수 있어야 한다. 그러나 팀에게 훌륭한 성과측정 시스템이 마련된다고 해도 고위 간부가 이를 팀 통제 수단으로 이용하면 아무 소용이 없게 될 것이다. 그리고 성과측정 시스템에는 측정지표뿐 아니라 그것이 활용되는 방법까지도 포함되어 있다.

2. 제대로 권한위임을 받은 팀이 자체 측정 시스템을 설계하는 데에 주도적인 역할을 할 수 있도록 해야 한다.

어떤 식의 시스템이 필요한지를 가장 잘 아는 당사자는 바로 팀이기 때문이다. 그렇다고 팀 단독으로만 이 일을 맡도록 놓아두어서는 안 되고, 팀이 설계해낸 성과측정 시스템이 기업 전략과 일관성을 띠는지 확인하는 작업이 고위 간부를 통해 반드시 이뤄져야 한다.

3. 팀은 다기능성에 머무르면 안 되고 최종적으로는 그것을 초월한 가치전달 역할을 해

야 하기 때문에 이 과정을 추적할 수 있는 새로운 측정지표들을 마련해야만 한다.

전통적인 기능적 조직에서는 개별 기능 부서가 가치전달 과정을 전반적으로 관할하는 일이 없으므로 가치전달 과정을 측정할 만한 좋은 방법이 없다. 반면에 지금 다기능팀을 조직하는 목적은 가치전달 과정을 총체적으로 관할하는 조직, 즉 팀을 만들어내는 것이다. 팀은 자신이 수행하는 임무를 지원하는 측정 시스템을 만들어야 한다. 그렇지 못하면 가치전달 과정을 신속하게 수행하지 못하게 되어 고객의 요구에 신속하게 반응하지 못하게 될 것이다.

제품개발팀이 이용할 만한 과정측정지표 중 하나는 필요한 인력이 팀에 적시에 투입되고 있는지를 추적할 수 있게 해주는 인력 충원 수준이다. 또 개발 제품에 사용되고 있는 새롭거나 독특한 부품의 개수나 구성 비율도 지표가 될 수 있다. 새롭거나 독특한 부품이 성능 개선에는 도움이 될 수도 있지만, 제품에 들어가는 새로운 부품수가 많아지면 디자인, 제품 완성, 재고 관리, 생산, 조립 등의 작업이 까다로워질 수 있기 때문이다.

그런데 지금까지는 과정측정지표의 우수성을 강조했지만 거기에 어떤 제한점은 없는지도 살펴봐야 한다. 과정측정지표가 매우 중요하긴 하지만 미수금 추적과 같은 일부 전통적인 측정 방식도 기능 부서와 팀 모두를 위해 여전히 필요하다. 당연한 말이지만 기능 부서의 효율성은 팀 효율성을 위한 선결 조건이다.

4. 팀의 측정지표는 몇 개로만 제한해서 적용해야 한다.

경영자들의 머릿속에는 "측정을 해야 업무 성과도 좋다."는 인식이 오래전부터 자리 잡고 있었다. 그래서 직원들이 더 열심히 일하도록 만들려고 업무 과정에 점점 더 많은 측정지표를 추가하여 경쟁을 자극해왔다. 그 결과 팀원들은 자료를 수집하고 활동을 감독하는 데에 지나치게 많은 시간을 소비하게 되어 정작 프로젝트를 관리하는 데에는 소홀하게 되곤 했다. 무엇을 할 것인가를 논의하는 대신 성과측정 시스템의 기능을 놓고 너무 많은 시간을 허비하는 팀들을 수없이 많이 보아왔다. 팀의 성과측정지표가 보통 15개가 넘어가면 그것들 각각이 정말 중요하고 필요한지에 대해 새로운 시각으로 점검해야 한다.

훌륭하고 단순한 안내 시스템 없이 팀을 운영하는 것은 마치 계기판 없이 자동차를 운전하는 것과 같다. 위급한 상황에서는 계기판 없이도 차를 마구 몰 수 있지만 일상적인 경우에는 속도, 연료량, 엔진 온도 등, 목적지까지 도착하는 데 필요한 정보를 제대로 알아야 한다. 그래서 나는 쉽고 저렴하게 이용할 수 있는 소프트웨어로 된 기업용 그래픽 계기판을 만들어보았다(이 글의 마지막에 있는 '팀 계기판' 참조).

효과적인 성과측정 시스템, 즉 계기판이 없다면 팀이라는 자동차는 시동을 걸어 출발할 수조차 없다. 기업들이 팀제를 도입한 초기에는 팀제에 대해 회의적인 고위 경영자나 중간관리자에게 팀에게 권한이 위임되어도 그들의 월권 영역에서 사업이 진척되는 일은 없다는 사실을 납득시켜야 했다. 그런데 팀의 성과를 추적할 수 있는 도구가 없으면 그러한 사실을 납득시킬 방도가 없게 되었다.

예를 들면 신제품개발팀이 유통 경로 전반에 걸쳐 공장으로부터 출하되어 있는 재고 수준을 추적할 측정지표를 가지고 있지 못하다면 생산 담당 임원이 기존 제품을 신제품으로 교체하는 작업에 대한 관리 권한을 이 팀에 위임하려고 하겠는가? 재고 수준과 같은 측정지표가 없다면 기업은 팔리지 않은 제품 더미에 쌓여 곤란한 지경에 빠지게 될 것이다. 그리고 신제품 개발팀이 비용, 품질, 일정을 추적할 수 있다는 사실을 보여주지 못했는데도 이 팀에 프로젝트에 대한 책임을 위임할 개발 담당 임원은 없을 것이다.

다기능팀을 위한 성과측정지표의 개발

많은 경영자들이 사업 성과를 평가하는 데 도움이 되는 이윤, 시장점유율, 비용과 같은 결과측정지표가 다기능팀이나 어떤 조직이 주어진 과정을 수행하는 활동이나 역량을 감시하는 데는 도움이 안 된다는 사실을 깨닫지 못하고 있다. 이러한 측정지표들은 팀원들이 성과를 개선하려면 무엇을 해야 하는지도 제시해주지 않는다.

예를 들어 서비스 비용이 10% 증가하고 분기별 이익이 8% 감소했다는 측정지표가 있더라도, 이것만 가지고서 고객서비스팀은 서비스 요원들이 다음 번 고객 방문 시에는 어떻게 다른 행동을 해야 하는지를 알 수 없다. 그러나 과정측정지표는 특정 상황에 영향을 미친 행위나 역량을 검토해준다. 지난 달에 서비스 건당 평균 소요 시간이 15% 상승했는데 그 결과 지연 처리 건수가 10% 상승했다면 왜 서비스 비용이 증가했고 왜 고객만족도와 이윤이 감소했는지를 서비스 요원들이 알아차려서 이를 참고하여 서비스 소요 시간을 단축하려고 노력할 수 있을 것이다.

제품개발에 흔히 사용되는 결과측정지표는 일정과 비용이다. 그러나 제품개발 프로젝트가 6개월 지연되고 예산이 200만 달러가 초과됐다는 사실은, 무엇이 잘못 되었고 무엇을 달리 해야 하는지에 대해 아무런 정보도 제시해주지 않는다. 반면에 프로젝트가 진행되는 동안에 이루어진 인력 충원 수준(인원수뿐 아니라 주요 업무 영역의 경력까지도 파악하는 과정 측정지표)을 추적하면 팀의 성과를 급격히 높일 수 있다. 예를 들면 제품개발팀 중에는 특정 분야의 전문 지식을 갖춘 인력이 언제 필요한지를 정확히 계획하지 못하는 팀들이 많다. 특정 단계에 필요한 인력을 충원하고 있지 못하면 적합한 인력들이 자리에 있었더라면 미리 감지할 수도 있는 문제들을 처리하기 위해 엄청난 시간과 비용을 들이게 되는 경우가 많다.

실제로 이런 일이 어느 회사에 일어난 것을 보았다. 이 회사에서는 다기능팀에게 혈당량을 측정하는 소비재를 개발하라고 7개월의 시한을 주었다. 팀은 다음해 2월 1일을 제품출시일로 잡고 7월 1일부터 작업에 들어갔다. 회사는 프로젝트가 출범하기 전에 팀에서 중요한 기능을 담당할 사람들을 미리 지명해놓긴 했지만, 생산 담당 총책임자 메리를 8월 중순에야 팀에 합류시켰다. 그때는 이미 마케팅 담당자와 제품개발 담당자가 중대한 포장 및 제조 문제에 대해 나름대로의 최적 의사결정을 내려놓은 상태였다. 그런데 팀에 합류한 지 1주일 만에 메리로부터 여러 문제에 대한 심각한 지적이 들어왔고, 팀은 그 지적을 받아들여서 지금까지의 진행 상황을 재검토하기로 했다. 메리가 팀에 합류한 시점도 아주 부적절했을 뿐 아니라 프로젝트도 처음 두 달 동안 3주나 늦어졌다.

팀이 전통적인 측정지표에 의존하게 되면 팀원들은 팀의 목표를 망각한 채 자신들이 기존에 해왔던 기능별 작업 방식으로 퇴보하게 된다. 1991년 고급 모델을 개발할 당시의 포드 자동차 사례를 한번 살펴보자. 이 프로젝트는 포드가 제품개발을 위해 다기능팀을 활용한 첫 시도 중 하나였다. 대체로 이 팀의 성과측정 시스템은 팀의 개별 기능, 즉 스타일링, 차체 엔지니어링, 동력 전달, 구매, 재무 등 오랜 동안 이용해왔던 개별측정지표들을 모아놓은 것이었다.

그런데 팀원들이 자동차의 설계를 끝내고 차체 엔지니어링을 시작하기 직전에 기존의 방식과는 다른 새로운 차문 손잡이를 둘러싸고 논쟁이 벌어졌다. 그 이유는 팀 내 각 기능 담당자들이 제품원가 및 경쟁력에 영향을 미치는 요인들의 상대적 중요성에 대해 각기 다른 가정들을 하고 있었기 때문이다.

구매부서와 재무부서에서 온 팀원들은 그 손잡이에 너무 많은 비용이 들지 않을까 우려했다. 그들의 측정 기준은 손잡이의 제조원가와 품질보증 비용이었다. 그러나 설계 담당자와 차체 엔지니어링 담당자는 새 손잡이의 디자인이 기존 손잡이보다 더 복잡한 것이 없다고 응수했다. 품질보증 비용에 대해서는 그것이 더 높아질 것이라는 근거가 없었으므로 이제는 제조원가를 놓고 주된 논쟁이 벌어졌다. 제조원가가 비싸지 않을 거라고 주장하는 쪽에서는 포드가 승인한 협력사 중 한 업체에서 받은 입찰견적서를 그 증거로 내놓았다. 뿐만 아니라 구매 및 재무 담당자들은 자동차의 전체 디자인에서 차문 손잡이의 디자인이 차지하는 비중은 그리 크지 않다고 주장했다.

구매 담당 총책임자는 품질보증 비용 부분에 대해서 여전히 마음을 놓지 못했다. 그는 승인받은 다른 협력업체에서 만든 손잡이가 앞에서 입찰견적서를 제출한 납품업체보다 품질보증 비용이 훨씬 낮다고 지적했다. 잠시 동안 격렬한 논쟁이 벌어진 다음, 설계 담당자와 엔지니어링 담당자는 자신들의 뜻을 굽혔다.

논쟁이 진행되는 동안에 아무도 새 차문 손잡이가 자동차의 시장경쟁력을 높일 수 있는가 하는 핵심적인 문제를 제기하지 않았다. 그 자동차 모델을 독특하게 스타일링하면 그것이 주요 경쟁 요인이 되어 높은 품질

보증 비용을 보상해주고도 남을 만큼 고객을 확보할 수 있었을 텐데 말이다. 이런 관점에서도 기존의 손잡이를 다시 채택하기로 한 것은 최선의 결정이 아닐 수 있었으며, 마지막 순간의 이런 설계 변경은 다른 부분의 설계 변경을 초래하고 제품개발 과정까지도 1주일 이상을 지연시켰다. 그러나 제품개발팀의 구성원들은 팀에 합류하기 전의 기존 자기 기능 부서에서 해오던 방식대로 여전히 생각하였고 그 누구도 시장에서의 제품 성공 요인에 대해 전체적으로 조망하지 못했다.

어떤 종류의 측정지표가 있었다면 이 팀이 비용 대 스타일 간의 성패 논쟁에서 벗어날 수 있었을까? 제품원가, 특성, 서비스, 포장 등과 같은 몇 가지 제품 특성을 포괄하는 측정지표가 있었다면 팀이 절충안을 모색하는 데에 도움이 되었을 수 있다. 그렇게 되면 품질보증 비용과 같이 별로 중요치 않은 요인이 팀의 의사결정에 그렇게 심각한 영향을 미치지는 않았을 것이다.

성과측정 시스템의 구축 과정

많은 기업들이 다기능팀을 만들면서도 그에 맞는 성과측정 시스템은 마련하지 않고 있다. 자사의 전략을 지원하고, 반갑지 않은 기습 사태가 벌어지지 않게 해주며, 팀에 실제적인 권한을 위임하는 시스템 말이다. 그러므로 대부분의 기업에서 실행할 수 있는 일반적인 성과측정 시스템 구축 과정을 살펴보기로 하겠다. 먼저 최고 경영진의 역할을 살펴본다.

균형성과표(balanced scorecard)에 관한 두 논문(『The Balanced Scorecard-Measures That Drive Performance』와 『Putting the Balanced Scorecard to Work』)에서 캐

플란(Robert S. Kaplan)과 노튼(David P. Norton)은 기업의 전략목표와 경쟁적 요구들을 성과측정 시스템에 통합시키는 유용한 틀을 경영자에게 제시하고 있다. 이 두 학자는 경영자들에게 기존의 전통적인 재무측정지표에 추가해서 고객만족도, 내부 프로세스, 혁신 및 개선 활동에 관한 측정지표도 포함시켜야 한다고 강조한다.

캐플란과 노튼은 이러한 접근법이 팀 조직에 어떻게 적용될 수 있는지에 관해서는 언급하지 않고 있다. 나는 고위 경영자가 측정지표를 만들어낼 것이 아니라 팀을 위한 전략적 활용을 구상해야 한다는 한 가지 주의사항만 지킨다면 이러한 접근법이 팀조직에도 가능하리라고 본다. 고위 경영자는 팀에 전략목표를 내리고, 각 팀에 자신들의 직무를 그 전략에 맞추어 이해하도록 만들며, 팀이 자체적인 측정지표를 만들 수 있도록 훈련하는 일을 맡으면 된다. 그러나 성과의 주체와 책임 소재를 팀에게 귀속시키려면 팀 스스로가 자신들의 직무 수행에 맞는 측정지표를 결정하도록 해야 한다.

예를 들면 다국적 컴퓨터 기업의 경영자가 회사 내의 모든 제품개발팀에 개발 주기를 3년 내에 50% 이상 단축시키라는 야심찬 전략목표를 설정했다. 그러나 간부는 팀에게 개발 주기를 어떻게 측정할 것인가를 지시하기보다는 각 팀이 자체적인 측정지표를 선택하라고 요구했다. 경영자는 개발 주기 단축에 관한 훈련을 실시했고 측정지표에 대해 매우 넓은 선택폭을 제시해서 팀을 도왔다.

최고 경영진과 팀은 언제 어떤 상황에서 경영자가 팀 성과와 성과측정 시스템을 검토할 것인가에 대해서도 공동의 규칙을 만들어두어야 한다. 팀은 처음부터 자신들의 업무가 회사의 전략과 일치하는지 그에 맞추어 조정해야 하는 것은 없는지 확인하기 위해 선택된 측정지표를 경영자와 함께 검토해야 한다. 또한 프로젝트 진행 도중에 측정지표를 크게 변경해야 할 경우에는 경영자와 함께 재협상해야 한다는 점도 약속해야 한다. 나중에도 언급하겠지만, 측정지표는 절대불변의 성격을 띠어서는 안 된다.

팀과 고위 경영자는 팀이 경영자의 비상 점검(out-of-bounds review)을 유발시킬 만큼 심각한 문제를 만났다는 신호를 전달해줄 경계 지점을 설정해두어야 한다. 이러한 접근 방법을 통해 경영자는 팀의 권리를 침해하는 일 없이도 늘 정보를 제공받을 수 있게 된다.

비상 점검 과정에 들어갔을 때 팀과 경영자는 문제를 규명한 뒤 어떤 수정 방안을 취할 것인가를 결정해야 한다. 팀은 검토를 요청하고 결정 사항을 수행할 책임이 있다. 점검 과정의 목적은 고위 경영자가 팀의 문제 해결을 돕기 위한 것이지 팀의 잘못을 찾아내는 것이 아니라는 점을 분명히 해야 한다.

제품개발팀 중에는 프로젝트를 시작하는 시점에 실제로 고위 경영자와 서면 계약 내용을 협상하는 팀들도 있다. 계약서에는 제품의 사양과 품질 목표를 포함한 제품에 관한 사항, 소비자 가격, 개발 프로그램 비용, 매출액·매출이익·매출원가 등의 재무 정보, 제품개발 일정 등이 명시된다. 이러한 계약 협상이 진행되는 동안 경영진은 측정지표를 포함한 전반적인 프로그램이 회사 전략을 지원하는 것인지를 확인해야 한다.

계약서에는 경영진 검토에 대한 규칙도 들어 있어야 한다. 가령 어떤 기업에서는 팀이 단지 두 번의 점검만 받으면 된다. 첫 번째 점검은 설계 단계가 끝나는 시점에 실시되는데, 회사가 고가의 기계설비에 투자하기 전에 제품이 시장의 요구를 충족시킬 수 있는지를 경영진이 확인할 수 있도록 하기 위한 것이다. 두 번째 점검은 제품 생산이 진행된 이후에 실시되는데, 경영진이 특정한 부품을 생산하기 쉽게 설계했다는 등 팀이 이루어 놓은 개선 사항들을 파악한 뒤 다른 팀에게 전수하며, 예견하지 못했던 생산 과정상의 문제점들을 조기에 해결할 수 있도록 하기 위한 것이다. 이때에는 팀이 전체 설계상의 제품사양, 성과, 제품, 개발 비용, 일정에 관한 사항을 어겼거나 앞으로도 그럴 수 있다고 판단되지 않는 한 경영진과의 특별한 상의 없이 일을 계속 진행할 수 있다.

현재 다기능팀을 운용하는 대부분의 기업이 안고 있는 가장 큰 문제점은 최고 경영진이 프로젝트나 과정을 감시하고 통제하는 수단으로 팀 성과측정 시스템을 이용하고 있다는 점이다. 비록 의도적이진 않더라도 그런 행동은 결국엔 팀의 효율성을 저해하게 될 것이다.

포드의 생산 공장에서도 제품품질의 개선을 위해 다기능팀을 도입했지만, 경영진의 명령-통제 의식이 바뀌지 않아서 이런 문제가 발생했었다. 포드는 여러 기능 부서에서 생산직 근로자들을 뽑아 팀을 구성한 다음 그들이 품질 문제를 자체적으로 해결할 수 있도록 자료 수집과 분석 방법을 교육시켰다. 그러나 부서장들이 팀을 지원하기 위해 보낸 품질 기술자들에게 품질 현황 및 개선안에 대해 월별 보고를 요청하는 실수를 저질렀다. 그 여파로 품질 기술자들은 당연히 팀에게 자료를 요청했다.

시간이 지나면서 팀은 자료 분석 업무를 품질 기술자들에게 의존하기 시작했고, 어떤 행동을 옮기기 전에 품질 기술자들의 지침을 기다렸다. 품질 기술자들은 뭔가가 잘못 되고 있다는 것을 깨달았지만, 부서장들이 팀이 아닌 그들더러 보고를 올리라고 요청했기 때문에 어쩔 도리가 없다고 느꼈다. 팀 안에서 하루 이틀이면 해결될 문제들이 품질 관리자들의 개입을 기다리기 시작하면서 문제해결에 걸리는 시간이 2배로 늘어났다. 그러자 품질 기술자들은 팀 지원을 위해 더 많은 기술자들을 파견해달라고 요청하기에 이른다.

부서장들은 그런 상황이 벌어지자 매우 마뜩찮아 했다. 팀에게 권한을 위임한다는 구두 지원을 여러 차례 했는데도, 왜 팀이 자체적으로 업무를 추진하지 못하는지 영문을 알 수 없었다.

성과측정지표의 선택 기준

사람들이 성과측정 시스템을 구축할 때도 팀을 구성한다. 팀이 자체적인 성과측정 시스템을 마련할 경우 얻게 되는 한 가지 이점은 여러 기능 부서에서 차출된 구성원들이 효과적인 팀으로 활동하기 위해 필요한 '공통 언어'를 만들 수 있다는 점이다. 그 공통 언어가 형성되기 전까지는 목표나 문제에 대한 공통된 정의를 내릴 수 없다. 그럴 때 집단은 팀으로서 행동하지 못하고 단순한 기능 부서들의 집합체로서 행동하게 된다.

성과측정 시스템을 구축하는 첫 번째 단계는, 팀이 프로젝트를 완수하는 데 필요한 중대 과업과 역량의 순서도(process map)로 활용할 수 있는 작업 계획을 수립하는 것이다. 두 번째 단계는, 팀원 모두가 팀의 목표를 같은 방식으로 이해하고 있는지 확인하는 것이다. 팀원들이 팀 목표를 똑같이 이해한다고 믿고 출발한 경우에도 성과측정지표를 개발하기 시작하면서 자신들이 잘못 이해하고 있다는 것을 발견하게 되는 일이 흔하게 벌어지기 때문이다.

이렇게 목표가 확정되고 난 후에는, 팀 내의 적절한 팀원들이 주어진 팀 목표를 달성하기 위한 팀의 진전 사항을 점검하고 경영자의 비상 점검을 유발할 수 있는 환경을 확인하기 위해 개별 측정지표를 개발해야 한다. 나아가 각 팀원들은 자신의 기능 분야를 감시하기에 가장 효과적이라고 여겨지는 두세 가지 측정지표를 다음 번 회의 때 제시해야 한다. 팀원들이 측정지표를 개발하면서 전체 목표와 가치전달 과정에 초점을 두도록 만들기 위해 이 지표들을 과정측정지표에 포함시켜주어야 한다(이 글의 마지막에 있는 '과정측정지표 만들기' 참조).

각 팀원들은 다음 회의 때 자신들이 제안한 측정지표가 추적하는 것은 무엇이며, 그것이 왜 중요한지를 설명할 수 있어야 한다. 모두가 다른 사람들을 위해 낯선 용어나 개념을 규정짓는 노력을 기울여야 한다. 한 가지 중요한 규칙은 어떠한 질문도 거부되어서는 안 된다는 것이다. 이른바 우문(愚問)이 개별 측정지표의 잠재적 가치를 명쾌한 용어로 시험할 수 있어서 가장 귀중한 질문이 되는 경우가 자주 있기 때문이다.

일부 측정지표들은 신속히 제거되기도 하고 채택되기도 하지만 그것을 결정하는 일은 어려운 작업이다. 채택되거나 논의 중인 측정지표들은 다음과 같은 기준에 따라 하나씩 검증될 때까지 최종 결정을 미루어야 한다.

- 24시간 내 고객 주문 처리와 같은 팀의 주요 목표가 추적되는가?
- 모든 비상 상황이 감시되는가?
- 주문 입력 시스템을 충분히 운용할 수 있는 숙련된 인력의 확보와 같이, 팀 목표달성에 필요한 핵심 변수들이 추적되는가?
- 경영자가 성과측정 시스템을 있는 그대로 승인할 것인가? 아니면 변화를 모색하겠는가?
- 측정지표의 바늘이 움직일 경우에도 팀의 행동 수정을 유도하지 못하는 측정지표가 있는가? 만약 있다면 그 지표는 제거하라.
- 측정지표가 너무 많지는 않은가? 앞에서 언급했듯이 한 팀이 보유한 측정지표가 15개가 넘는다면 각 측정지표를 재검토해야 한다.

팀의 측정지표가 이러한 검증을 통과했다면 성과측정 시스템은 경영자의 점검을 받을 준비가 되어 있는 것이다.

성과측정 지표의 지속적인 수정·보완

팀은 프로젝트나 과업 수행 중에 필요할 때마다 측정지표를 열심히 추가하거나 제거해야 성과측정 시스템의 가치를 유지시킬 수 있다.

신제품 개발 초기 단계에서는 적절했던 측정지표가 제품 생산 단계에 이르면 부적합해질 수 있는 건 당연하다. 대부분의 경우 팀들은 이런 상황을 감안해서 성과측정 시스템 개발의 초기 단계부터 수정 계획을 아예 짜놓는다. 그러나 프로젝트가 진행되는 동안 우선순위 자체가 바뀌는 경우가 종종 있는데, 이는 측정지표 역시 수정되어야 한다는 것을 의미한다. 따라서 어떤 측정지표의 효용 가치가 없어졌다고 판단될 때는 버릴 수 있어야 한다. 또한 팀은 성과측정 시스템에 정확한 자료가 적시에 입력되는지를 정기적으로 조사해야 한다.

지금 경영자들은 아직은 기능 조직과 뒤섞여 있는 다기능팀의 효율을 극대화시키는 방법을 배워나가는 초기 단계에 머물러 있다. 따라서 기능 조직과 팀을 이끌기 위해 사용되는 성과측정 시스템에 똑같은 규칙을 적용할 수 있다. 기업은 계속 경험을 축적해가다가 특정 측정지표들 중 어떤 것들은 유사한 프로젝트나 과업을 수행하는 다른 팀에도 다시 활용할 수 있다는 사실을 발견하게 될 것이다. 그러나 경영자들은 많은 경영 도구로 수행했던 과업들을 성과측정 시스템 한 가지로 해결하려고 해서는 안 된다. 마치 프리사이즈 옷을 누구에게나 입히는 식으로 말이다.

경영자들은 팀이 자체적인 성과측정 시스템을 개발해나가는 과정을 체계화하고, 특정한 실제 적용 상황에서 가장 효과가 있었던 측정지표들의 목록을 작성해두어야 한다. 그렇다고 자신들이 팀에게 가장 적합한 것을 알고 있다고 생각하는 실수를 범해서는 안 된다. 이러한 실수를 범할 경우, 그들은 궤도를 벗어나서 기존의 명령-통제 체제로 퇴보하게 되어 자신들이 권한을 위임한 팀들을 무기력하게 만들어버리는 결과를 초래할지도 모른다.

:: 팀 계기판

기업들이 성과측정 수치를 발표하기 위해 사용하는 가장 흔한 형식은 스프레드시트이다. 그러나 성과측정 시스템이 다기능팀에게 프로젝트의 긴 여정을 완수하는 데에 필요한 정보를 제공하는 자동차 계기판과 같은 기능을 한다면 왜 실제로 성과측정 계기판을 만들 생각은 하지 못했을까? 팀들은 다양한 색상의 도형 표시기와 읽기 쉬운 지표들로 구비된 계기판 형식(dashboard format) 측정지표를 통해 자신들의 업무 진행 상황을 감시하고 언제 방향을 수정할지를 판단할 수 있다. 캘리포니아 주 밀피타스에 있는 퀀텀(Quantum Corporation)은 2.5인치 디스크 드라이브를 설계하고 생산한 '리썰(Lethal)'이라는 다기능팀에 이러한 계기판을 적용했다.

퀀텀은 1989년 말에 리썰팀을 출범시켰는데, 다기능 개발팀은 그로부터 9개월 전에 도입된 제도였다. 리썰팀의 핵심 그룹은 마케팅, 생산, 엔지니어링, 품질보증, 재무, 인력개발 등의 부서에서 차출된 책임자들로 구성되었다. 퀀텀은 3.5인치 드라이브 분야에서는 주력 사업자였지만 2.5인치 드라이브는 만들어본 일이 없었다. 이러한 기술적인 도전도 어려웠지만, 그뿐 아니라 경영자들은 유사한 프로젝트의 소요 시간보다 10개월이나 짧은 14개월 만에 이 프로젝트를 완수하라고 리썰팀에 요구했다.

팀의 주요 리더인 래리는 엔지니어링 부서 출신이었는데, 퀀텀의 과거 개발 경력을 볼 때 리썰팀이 14개월 안에 목표를 완수할 수 있을지에 대해 매우 회의적이었다. 그는 이전 팀들의 리더들에게 무엇을 달리 바꿔야 하는지 조언을 구했다. 그러자 모두들 문제점을 조기에 찾아낼 수 있는 보다 나은 방법을 찾아보겠다고 대답했다. 팀은 필요한 사람들을 다 모으기는 했지만 너무 많은 문제들이 해결되지 않은 채로 남아 있었다. 래리는 상황이 그렇게 된 이유는, 팀이 수직적 기능 조직을 위해 설계된 성과측정 시스템을 그대로 사용하고 있기 때문이라는 사실을 깨달았다. 이런 깨달음에 이르자 리썰팀이 개선될 수 있다는 자신감이 생겼다.

팀이 새로운 성과측정 시스템을 위한 일정을 세우기 시작했을 때, 팀원들은 개발 엔지니어링 부문만 과업 수행을 위한 완벽한 일정을 제시했다는 사실을 금세 알게 되었다. 팀 내 다른 부문들은 주요 방향의 윤곽만 잡아놓은 상태였다. 뿐만 아니라 각 팀원들은 다른 이들의 일정이 무엇을 의미하는지를 잘 알지 못하는 경우가 많아서 전체 일정이 전혀 통합되지가 않았다. 이런 가운데 마케팅부는 개발엔지니어링부와의 협의도 없이 제품출시일을 정해놓은 상태였다.

이러한 사실을 깨달은 후에 팀원들은 모두가 이해할 수 있는 용어로 표현된 전체 기능부문별 세부 사항들을 세밀히 검토하기로 했다. 팀원들은 그간의 제품개발 프로그램이 미흡했던 이러한 기능 부문별 일정을 하나의 전체적인 제품개발 일정으로 통합했다.

측정지표 계기판에는 이러한 전체 일정과 방향점검지표 외에 여러 결과측정지표들도 들어 있었다. 결과측정지표들은 최고 경영진이 프로젝트의 성공 여부를 판정하는 기준이 되는 주요 전략목표의 달성 수준을 추적하는 것을 돕기 위해 제품개발팀이 전형적으로 이용하는 것이다. 리썰팀의 목표는 목표원가('간접비'와 '자재구성표'라는 지표로 추적)로 경쟁력 있는 품질 수준('제품 품질'지표로 추적)의 제품을 만들어내는 것이었다. 계기판에는 제품이 출시되었을 때 매출이익과 매출목표를 달성하는 데 성공할지 여부를 추적하는 결과측정지표도 들어 있었다. 그러나 이와 같은 결과측정지표들은 팀이 어느 지점에 와 있는지를 알려줄 뿐 왜 그렇게 되었는지를 설명해 주지는 못했다. 그래서 리썰팀은 회사의 다른 다기능팀들이 사용하던 주요 과정측정지표들을 채택했다.

퀀텀의 기존 팀들은 제품개발에만 주력하고 시험 방법 및 장비를 개발하는 것과 같은 일들을 부수적인 업무로 취급해왔다. 팀들은 초기 시제품을 적절히 시험할 수 없다는 사실을 알고 난 후에야 이러한 문제들에 관심을 가지게 되었다. 이 장애 요인을 극복하기 위해 리썰팀은 시험을 포함한 전반적인 제조 과정 업무에 개별적인 과정개발지표를 도입했다.

이런 식의 논의 끝에 계기판에 인력충원지표를 포함시키기로 결정이 났다. 팀이 필요할 때 바로 활용할 수 있도록, 시험, 생산, 마케팅 분야 등의 사람들이 초기에 고용되어야 했기 때문이었다. 팀이 시험 방법 및 장비의 개발이 시작될 때까지 시험 기술자를 고용하는 일을 미루었다면 일정이 적어도 6주는 지연되었을 것이다.

래리는 직원만족지표도 도입하자고 제안했는데 그 동기는 간단했다. 불만족 팀원들이 발생할 경우 대대적으로 일정이 준수되지 않을 거라는 판단에서였다. 직원만족지표 상의 '현재(current)' 바늘의 위치는 팀 리더가 생각하는 팀 사기를 나타낸다. '이전 조사(last survey)' 바늘의 위치는 모든 팀원들에 대해 가장 최근에 조사한 결과치를 나타낸다. 팀의 사기를 자체적으로 감시하게 함으로써는 팀 리더들은 팀원들이 실험실의 공간 부족이나 작업장 이용 불편 같은 일들을 걱정하고 있다는 사실을 알게 되어 팀원들의 사기가 떨어지기 전에 이 문제들을 해결할 수 있었다.

계기판의 왼쪽 아래에 있는 지표등(indicator light)은 팀이 계획 단계에 충분한 시간을 할애했는지를 확인하기 위해 마련된 것이다. 주간 팀 회의를 통해 많은 문제들을 처리할 수도 있지만 제품출시 계획 같은 일부 문제들은 보다 철저한 준비가 요구되었다. 팀원들은 제품개발 프로그램에 열심히 집중해야 했기 때문에 당장 해결하지 못하는 문제들이 결국에는 장애 요인으로 작용하지 않을까 우려했다. 그러다보니 모든 팀원들이 참여할 한나절 또는 전일 회의의 일정을 짜는 데에 종종 4주 이상이 걸리기도 했다. 그러자 마케팅 담당 존이 계획 수립을 위한 일정을 환기시켜주는 지표등을 활용하자고 제안했다.

팀은 어떤 지표가 쓸모가 있고 없는지를 금방 알아차릴 수 있었다. 재무 담당 존은 회사에 프로젝트 기준 회계 시스템이 없기 때문에 '현재까지 투입된 프로젝트비용(Program Cost to Date)지표를 작성하는 데 필요한 리썰팀의 경비를 산출하기가 거의 불가능하다고 주장했다. 더구나 그 비용이 프로젝트에 따라 달라지는 경우가 별로 없어서 최고경영자가 개별 프로젝트 비용을 요청하는 일도 그리 없었다. 그래서 프로젝트 비용지표가 감소하거나 증가해도 거기에 영향을 받는 이가 전혀 없다는 판단으로 팀은 그 지표를 없애기로 결정했다.

리썰팀은 16개월 만에 2.5인치 디스크 드라이브를 갖춘 납품업체로 퀀텀을 인정하는 잠재고객들을 확보하는 데 성공했다. 원래 계획보다 2개월 지연된 것이지만 기존 팀들보다는 33%나 앞당긴 일정이었다. 그러나 새로운 2.5인치 드라이브는 기존 드라이브에 비해 실제 품질검증 단계로 넘어가는 데에는 오랜 시간이 걸렸다. '업무진전도평가(Evaluations in Progress)' 지표는 리썰팀이 잠재고객과 함께 일정을 추적하는 데에는 도움이 되었지만, 중요한 문제점들을 찾아내는 데에는 별 도움이 안 되었기 때문이었다. 팀의 시험 절차는 잠재고객들이 적용한 절차들보다 훨씬 엄격해서 이로 인해 드라이브의 불량률이 비교적 상대적으로 높게 보였던 것이다. 그래서 이런 자료들을 근거로 잠재고객들은 퀀텀을 납품업체로 인정하려 들지 않았다.

계기판에 다른 지표들이 마련되어 있었다면 이런 문제들을 조기에 감지하여 해결할 수 있었을까? 아마도 그렇지 않았을 것으로 보인다. 다른 성과측정 도구와 마찬가지로 계기판 역시 의사결정자들의 판단력을 완전하게 대체해줄 만능기구는 아닐 테니까 말이다.

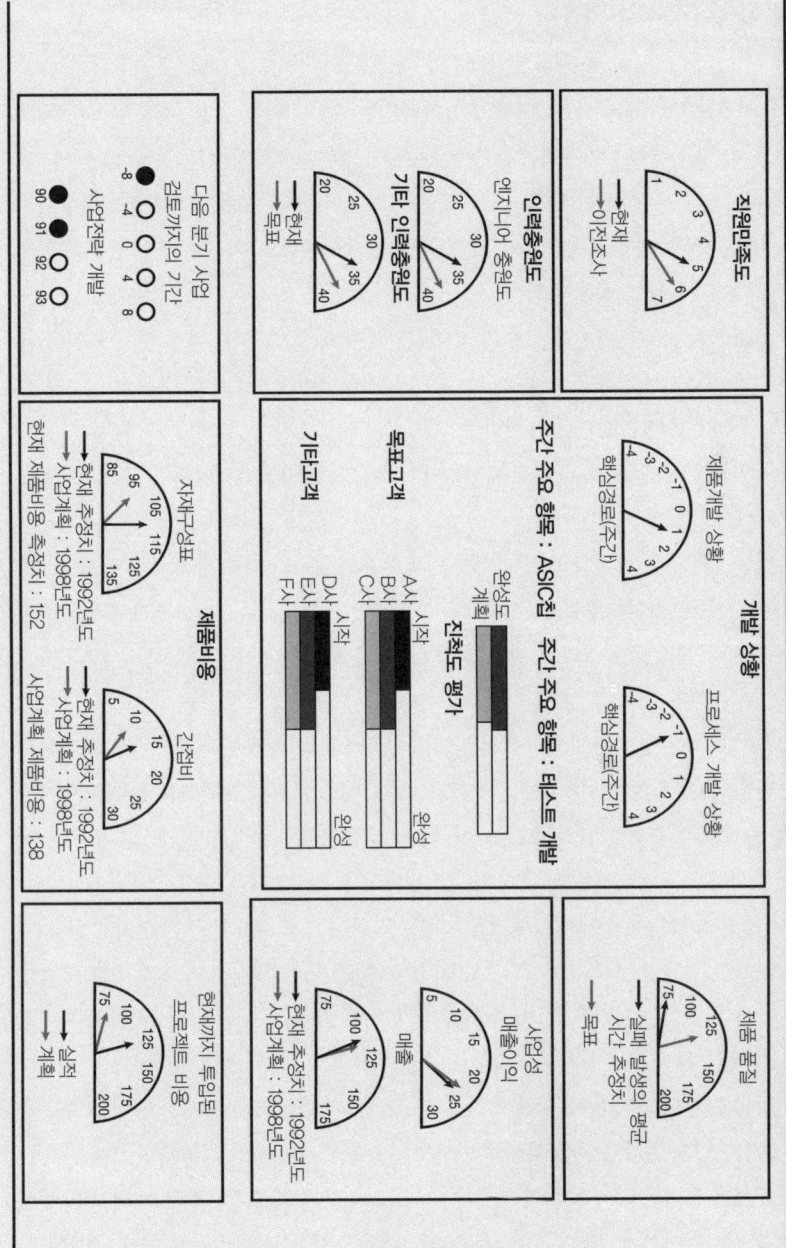

:: 과정측정지표의 개발

과정측정지표 개발에는 기본 4단계가 있다. 첫째, 시간, 비용, 품질, 제품성능 등의 요인 중에서 어떤 것이 고객만족도를 높이는 데에 중요한지를 규정해야 한다. 둘째, 결과를 내는 기능 부문 간 연계 처리 과정을 도표화해야 한다. 셋째, 그 과정을 완수하기 위해 필요한 주요 과업과 능력을 규명해야 한다. 마지막으로 이러한 과업과 능력을 추적하는 측정지표를 설계해야 한다.

가장 효과적인 과정측정지표는 흔히 상대적인 용어로 표현된다. 가령 새 부품이나 독특한 부품이 차지하는 비율을 추적하는 측정지표가 일반적으로 절대 부품의 개수를 추적하는 측정지표보다 훨씬 유용하다.

유럽에 있는 한 자동차 회사의 부품 및 서비스 운영 부문에서 과정측정지표를 어떻게 개발했는지를 소개하고자 한다.

창고 기능 부문은 일반적으로 딜러가 주문한 부품이 얼마나 자주 창고에서 빠져나가고 채워지는지를 추적함으로써 전통적으로 그 성과를 측정해왔다. 만약 재고관리자가 창고 선반에서 '개스킷(gasket)'을 발견했다면 그것은 주문할 필요가 없는 우선 처리 대상 부품으로 간주된다.

그런데 이 회사는 팀제를 도입하면서 창고와 딜러 서비스 부문을 다기능팀으로 편입시켜서 제품고장 시점에서 수리 시점까지의 전체 서비스 과정을 개선하는 임무를 부여했다. 팀은 현행 성과측정지표를 재검토한 후, 딜러의 입장에서 봤을 때 개스킷을 우선 처리 대상 부품으로 처리하는 업무가 의미가 없다고 결론지었다.

딜러와 최종고객은 부품이 어디에서 왔는지는 관심이 없고 필요한 부품을 언제 받을 수 있는지를 알 수 있으면 그만이었다. 부품이 창고의 선반에 있다고 해서 딜러가 그것을 즉시 받을 수 있다는 보장도 없고, 오히려 문제는 엉성한 주문 처리나 선적 문제에서 발생할 수 있었다.

그래서 새 팀은 전체 과정에 대해 책임을 지고 있었기 때문에 창고에서 딜러의 주문을 받는 순간부터 딜러가 주문한 부품을 인도받는 순간까지 서비스 사이클의 모든 단계와 각 단계에서 걸리는 시간을 도표화했다. 그리고 주문 입력 활동, 주문과 재고를 추적하는 경영정보 시스템, 창고 운영 및 운송을 포함한 주요 과업과 능력 등을 규정했다.

팀은 6~8까지의 하위 과정에 대한 순환시간측정지표도 개발해냈는데, 이 지표는 과정의 각 단계에 소요되는 시간을 팀에게 알려주는 역할을 했다.

그 결과 각 주문서와 주문 처리시 결재받아야 하는 서명 수도 줄어들어서 6개월 만에 이 팀은 서비스 사이클을 대폭 단축시킬 수 있었다. 딜러의 불만도 상당량 줄어든 것은 당연한 귀결이었다.

저자 후기 : 이 글의 쓰는 데에 중요한 지침을 제공해준 스티븐 휠라이트(Steven C. Wheelwright) 씨에게 감사를 전한다.

8

너트 아일랜드 효과를
멈추는 방법

폴 레비
Paul F. Levy

요약 | 너트 아일랜드 효과를 멈추는 방법

한때 매사추세츠 퀸시의 너트 아일랜드(Nut Island) 하수처리장을 운영했던 팀은 모든 관리자들의 드림팀이었다. 그들은 어렵고 힘든 일이 주어져도 아무 불평 없이 묵묵히 일했다. 운영상 어려움이나 예산상 불만이 있어도 자기들 선에서 알아서 처리해서, 감독이 필요 없을 정도였다. 오로지 조직의 사명을 완수하는 데만 헌신을 다하던 이들이었다. 그런데 그들의 과욕은 결국 파국적 실패를 자초하고 만다. 그렇게 훌륭하던 팀이 어떻게 서서히 빗나가게 되었을까? 레비는 이 글에서 너트 아일랜드 하수처리장의 이야기를 통해 어떤 사업 조직도 흔히 겪을 수 있는 파괴적 조직역학 관계를 확인시켜주고 있다.

너트 아일랜드 효과는 높은 사명감으로 업무를 수행하던 팀이 회사의 주요 활동에서 소외되면서 벌어진 현상이다. 이 팀을 망친 것은 회사의 고위 경영진이었다. 경영진은 눈에 띄는 문제들에만 사로잡혀서 중대하지만 뒤에서 처리해야 한다고 판단한 일들은 너트 아일랜드 팀에게 떠넘겼다. 이렇게 해서 재량권이 점점 커지자 팀원들은 능숙한 관리 역량을 자체적으로 키우게 된다. 팀의 자립 운영을 당연한 것으로 여기게 된 경영진은 팀원들이 도움을 요청해도 무시한다. 문제가 터져도 경영진이 거들떠보지도 않자 팀원들은 배신감에 휩싸여 세상과의 괴리감을 키우게 된다. 급기야 문제가 터지면 쉬쉬하면서 경영진 앞에서 실태를 덮기에 급급해 하는 사태에 이른다. 팀은 자체 규정을 발달시키기 시작하고 이것이 방패막이가 되어 팀 운영상의 심각한 문제들은 계속 은폐된다. 팀의 일에 개입하려 하지 않는 경영진은 팀의 미흡한 성과에 대해서도 팀원들의 능숙한 위장 행동에 이끌려 쉽게 속아 넘어간다. 그 결과 팀은 교착상태에 빠지게 되고, 이는 보통 외부에서 어떤 조치를 취해야만 타파가 된다. 너트 아일랜드 이야기는 조직의 가시적인 문제에만 노력을 기울이는 경영자들에게 조직을 서서히 갉아먹는 것은 눈에 보이지 않는 문제들일 수 있다는 점을 경고한다.

자멸의 길을 걷게 된 드림팀

모든 관리자들의 드림팀이 있었다. 어렵고 지저분하고 험한 일을 아무 불평 없이 했으며, 무급 오버타임으로 수천 시간을 봉사했고, 스페어 부품을 사기 위해 자기들 호주머니까지 털었던 이들이었다. 그들에게는 실제로 어떠한 감독도 필요치 않았다. 자기들이 알아서 인원을 배치했고 자기들끼리 교차교육을 실시했으며 운영상 어려움이나 예산상 한계들도 자기들 선에서 머리를 써서 해결했다. 대단한 단결심과 헌신적 자세로 조직의 사명을 수행하기 위해 열심이던 이들이다.

그런데 문제가 하나 있었으니 이런 열정적 자세가 결국 파국적 실패를 자초하고 말았다는 것이다.

결국 헛수고로 끝날 조직의 사명에 목을 맸던 이 팀은, 1960년대 말부터 1997년 해체될 때까지 매사추세츠 퀸시의 너트 아일랜드 하수처리장을 맡아 운영하던 80여 명 남짓한 근로자들이다. 30여 년 동안이나 이 모범적인 근로자들은 보스턴 항이 오염되는 것을 막겠다는 일념으로 일했다. 그러나 1982년 사업연도 1·2분기 동안 그들은 37억 갤런에 달하는 미처리 하수오물을 보스턴 항에 방출했다. 또한 그들은 보스턴 항을 정화한답시고 처리하지 않아도 될 하수오물에 막대한 양의 염소를 퍼붓는 일을 일상적으로 저질렀는데, 이로 인해 보스턴 항의 끔찍한 수질오염은 사실상 더욱 악화되었다.

모든 이의 드림팀이 어떻게 그런 그릇된 길로 빠질 수 있었을까? 더구나 자기들이 보스턴의 감독자들에게는 물론이고 조직의 사명에 방해 세력이 되고 있다는 사실을 어떻게 전혀 알아차리지 못했을까? 나는 수도 보스턴 하수처리 시스템의 상무이사로 4년 반을 재직한 적이 있었는데, 그때 이런 질문들을 품게 되면서 파괴적 조직역학, 즉 소위 '너트 아일랜드 효과(Nut Island Effect)'에 대해 이해하게 되었다.

나는 상무이사를 그만두고 나서도 여러 분야의 경영자들에게 너트 아일랜드 이야기를 들려주었다. 병원경영자, 연구사서, 기업 고위 임원을 비롯해 매우 많은 이들이 자신들도 미처 몰랐지만 조직 내에 실제로 그런 행동 양상이 발견된다는 반응을 보여주었다. 그들 자신부터 자기들 업무 방식에서 너트 아일랜드 효과를 발견했다.

나는 여러 경영자들과의 대화 내용을 참고하여 너트 아일랜드 효과에 빠져 있는 집단에는 유사한 대립 집단, 즉 단결심이 강한 헌신적인 팀과 다른 업무에만 정신이 팔려 있는 고위 경영자들의 결합이 발견되며, 이들은 5단계의 예측 가능한 행동 패턴을 밟으며 서로 대적하게 된다는 사실을 알게 되었다(이 글의 마지막에 있는 '너트 아일랜드 효과의 5단계' 참고).

이 5단계가 진행되는 순서는 상황에 따라 다소 다를 수 있지만 큰 틀에서 바라본 증상은 거의 엇비슷하다. 그리 악순환적인 양상을 띠지 않는 역학관계에서도 양측의 관계는 관계라고 부를 수 없을 지경에까지 이르러 상호 불신과 몰이해에 짓눌려 서서히 무너져간다.

　이러한 조직 병리는 너트 아일랜드 팀의 경우처럼 언제나 생생하고 명확한 실패로 이어지지는 않는다. 오히려 그 효과들은 누수 현상처럼 애매모호하고, 서서히 일어나고, 추적하기 어렵게 진행되는 경우가 더 많지 않을까 생각된다. 그럼에도 너트 아일랜드 이야기는 조직의 가시적이고 명료한 문제에만 막대한 시간을 들이는 경영자들에게, 조직을 서서히 갉아먹는 것은 눈에 보이지 않는 문제들일 수 있다는 경고 메시지를 전달해줄 것이다.

너트 아일랜드 효과란?

　너트 아일랜드 효과란 물리적, 정신적으로 소외당하면서도 단결심과 깊은 사명감으로 똘똘 뭉쳐서 조직의 사명을 수행했던, 실제로 존재했던 한 팀에게서 발견된 현상이다. 이 팀과 대적한 반대편은 조직 구조 상 몇 단계 위에 위치하기 때문에 팀의 업무에는 직접 관여하는 일이 없던 고위 경영진이었다.

　너트 아일랜드 효과의 제1단계는 가시적인 문제에만 사로잡혔던 고위 경영자들이 중대하긴 하지만 뒷전에서 처리해야 한다고 판단한 임무를 너트 아일랜드 팀에게 떠넘기는 단계이다. 그리고 여기서부터 결정적으로 팀과의 대립각은 형성된다. 팀이 대중이나 고객으로부터 소외된 채 업무를 수행하게 된 것이다. 이로써 막대한 재량권을 부여받는 팀원들은 스스로를 조직하여 관리하는 일에 능숙해졌고 강한 자부심으로 결부된 독특한 정체성을 발달시킨다.

제2단계는, 고위 경영진이 팀의 자립 운영을 당연시하여 팀원들이 도움을 요청하거나 임박한 문제를 알리려고 해도 무시해버리는 단계이다. 경영진이 그들을 거들떠보지 않는 행동을 표가 나게 하자 팀원들은 반감과 소외감에 휩싸여 왕따 집단으로서의 영웅적인 자부심을 키워간다.

제3단계는, 팀원들 사이에 세상과의 괴리감이 자리를 잡아가는 단계이다. 그들은 어떠한 경우에도 일단 경영진의 눈을 피하고 보자는 식의 태도를 키운다. 그 결과 어떤 문제가 터져도 쉬쉬하거나 축소하기에 급급해할 뿐 해결책을 모색하지 않게 된다.

이런 소외 상태는 이제 갈등의 제4단계를 맞는다. 업무에 대한 실행 및 운영 지침이 외부에서 내려오지 않자 팀은 자체 규정을 세우기 시작하고, 그러한 규정이 조직의 사명을 완수시켜준다는 불문율을 만든다. 팀의 업무 환경이 악화되고 팀 성과가 부진해도 이 자체 규정은 그것을 은폐시키는 방패막이 역할을 한다.

이제 제5단계에 접어들어, 팀과 고위 경영진은 때를 놓쳐 바로잡기가 매우 어려워진 어떤 진실에 대해 각자 왜곡된 그림을 만들어내기 시작한다. 팀원들은 자기들의 일을 제대로 이해하는 이는 자기들밖에 없다는 믿음으로 호의적인 외부인들이 문제를 지적하려고 들면 귀를 틀어막는다. 경영진은 또 경영진대로 무소식이 희소식이라는 태도로 팀이 부딪히고 있는 문제를 계속 외면한다.

결국 팀의 교착상태는 외부의 어떤 사건이 발생해야 타파되는 지경에 이른다. 그 외부 사건이란 경영진이 팀을 해체하거나 프로젝트의 플러그를 뽑아버리는 일이 될 것이다. 위기에 빠진 팀은 계속 구호 신호를 보내오겠지만 경영진은 회심의 미소를 띤 채 팀을 공중 분해시켜버릴 것이다.

그 지경이 되어도 팀원들은 자신들이 그간 빠져 있던 난관의 실체도 파악하지 못하고 자신들의 열정적 업무 태도가 오히려 여러 문제를 악화시켰다는 사실도 자각하지 못한다. 경영진 역시 팀을 그렇게 자기강화적인 실패의 악순환에 빠지도록 한 원인제공자는 자신들이라는 사실을 자각하지 못한다.

이런 식으로 흘러가는 5단계의 악순환이 바로 너트 아일랜드 효과이다. 이제 보스턴 항 끝자락에 있던 소규모 하수처리장에서 너트 아일랜드 효과로 인해 실제로 어떤 사건들이 벌어졌었는지를 소개한다.

배경 이야기

너트 아일랜드는 매사추세츠 퀸시에 실제로 있는 작은 반도의 지명인데 매사추세츠 수도 보스턴의 남쪽 약 10마일 지점에 위치한 인구 8만 5000명의 블루칼라 도시이다. 이 섬은 17세기 선원들이 즐겨 찾던 육표(항로 표지의 하나)였는데, 그곳에는 초기 유럽에서 온 한 정착자가 '오색 향기가 나는 약초'라고 표현했던 풀들이 향기를 풍기고 있었기 때문이었다. "식량이 떨어진 선원 5명을 실은 배가 버지니아로부터 왔는데, 그들이 로프를 잡아당겨서 너트아일랜드 근처로 다가가자 해안에는 향기로운 냄새가 진동했다. 그 냄새를 맡자마자 그들은 갑자기 기력을 회복했다."라고 그 정착자는 쓰고 있다.

그런데 그 약초와 향기로운 냄새는 너트 아일랜드 하수처리장이 들어서던 1952년보다 훨씬 오래전에 이미 사라져버렸다. 하수처리장이 가동되기 전에는 보스턴 일대와 인근 지역에서 흘러나온 미처리 하수오물이

곧장 보스턴 항으로 흘러들어가서 지역 해변과 어장을 더럽혔고 지역 사회의 보건을 심각하게 위협했다.

너트 아일랜드 하수처리장은 퀸시가 겪고 있는 폐수 문제의 해결책으로 발표되었다. '첨단 시설'이라는 언론의 환호 속에서 등장한 이 처리장은 수도 보스턴의 남부 일대에서 배출되던 모든 오폐물을 처리한 다음, 약 1마일 정도 떨어진 보스턴 항에 방출하기로 되어 있었다. 그러나 처음부터 처리장 시설의 적합성에 대해서는 의문의 여지가 많았다. 시설은 일일 평균 유입량 1억 1200만 갤런보다 훨씬 웃도는 수준인 일일 약 2억 8500만 갤런의 유입량을 취급할 수 있도록 설계되어 있었다. 그러나 높은 조수와 호우 때문에 유입량은 일일 평균량의 3배까지 과잉 방출되어서 처리장을 매일 긴장의 도가니에 몰아넣으며 조직의 성과를 저해했다.

처리장이 존재하던 30여 년 동안 그곳을 운영한 관리팀은 감독자 빌 스미스(Bill Smith), 작업 책임자 잭 매덴(Jack Madden), 실험실장 프랭크 맥키논(Frank Mac Kinnon)로 이루어져 있었다. 이 3명이 최근 너트 아일랜드에서 재회할 때 나도 그 자리에 끼게 되었다. 현재 너트 아일랜드 처리장은 보스턴 남부에서 유입되는 오폐수를 보스턴 항 아래 터널을 지나 디어 아일랜드에 새로 지은 광대한 하수처리장까지 모아 실어 나르는 수량 조절 장치로 바뀐 상태이다. 이들에게서는 처리장 위계절서가 다시 재현되기라도 하는 양 지금 다시 만나도 서로의 역할 분담과 영향력이 분명했다. 전체를 대변해야 할 때면 매덴과 키논은 여전히 스미스를 내세웠다.

이 세 친구가 너트 아일랜드에서 보낸 시절을 회고할 때면 어떤 이야기를 부추길 필요가 없다. 그들에겐 지금도 일을 하면서 보낸 일생 중 가장 행복한 시기가 그때이다. 찌끼(Sludgie), 괴짜(Twinkie) 같은 별명의 사람들을 떠올리며 지난 날들을 얘기할 때 그들의 얼굴에는 웃음이 배어나왔다. 오싹한 일상의 처리장 업무에 대해서는 속 편하게 망각해버리는 것 같았다. 스미스의 경우, 펌프실에서 일하다가 폐수에 몸이 잠긴 적이 있었는데, 그때를 회상할 때도 그에게선 공포심이나 역겨운 감정을 찾을 수 없었다. 그저 행복한 옛날일 뿐이었다. 스미스가 "재밌었죠."라고 회고하면 두 친구는 옆에서 고개를 끄덕거렸다. 껌과 철사로 낡은 하수처리장을 지탱시킨 것은 정말로 그리운 옛 시절에나 가능했던 그들만의 아이디어였다.

이야기를 하는 내내 세 남자들은 자신과 동료를 간혹 식구들이라고 언급했다. 그러나 너트 아일랜드는 사실 언제나 그렇게 화기애애한 장소가 아니었다. 스미스는 1963년 해군에서 제대하자마자 처리장에 들어갔는데 당시만 해도 그곳은 운영실, 유지보수실, 처리실험실 간에 반목이 심했다. 각 실은 자기들 능력과 직무가 최고라는 식으로 다른 집단을 무능하다고 깔봤다. "유지보수실 사람들은 실험실 사람들이 대학물만 먹었지 아무짝에도 쓸모없다고 했죠." 라고 스미스는 회고한다. 그는 여든세 살의 나이에도 백발을 별로 찾아볼 수 없었는데 머리를 길게 길러서 뒤로 묶고 수염을 덥수룩하게 길렀으며, 키는 단신이지만 체격은 아직도 다부졌다. "실험실 사람들은 또 유지보수실 사람들을 기름 원숭이라고 놀렸죠."

스미스는 다음 몇 해 동안 '사람들을 화합시키는 일'을 시도했다. 1968년에는 매덴과 키논이 동료로 들어왔다. 얼마 안 가 그들 셋은 의기투합하여 농땡이 부리는 자들과 불평분자들을 대부분 솎아내고 팀의 결속을 다졌다. 그들 손에서 고용된 이들은 그들과 닮은 점이 많았다. 모두들 근면하고, 공공의 안전을 책임지고 있다는 자부심이 강했고, 음지에서 일하는 것에도 불만이 없었다. 또한 대부분 2차 세계대전이나 한국전쟁에 참전해본 노병들이어서 거친 업무 상황에서 빈번하게 부딪히는 위기를 통제하는 일에도 능숙했다. 사실 저예산의 낙후된 소규모 처리장에서 그들을 기다리고 있었던 것은 오로지 이런 일들뿐이었다. 토니 쿠치카스(Tony Kucikas)가 이런 하수처리장에 잘 적응한 사례였다. 그는 엔지니어와 기능공으로 일하던 해군에서 면직된 다음, 1968년에 팀에 들어왔는데, 처리장에 걸어 들어오던 첫날 건물에서 흘러나오던 기름 냄새조차 어디서 맡아본 것처럼 친숙했다고 회고했다. "그 냄새를 맡자 해군의 엔진실이 떠올랐어요. 건물의 첫 번째 층계를 따라 올라가는데 고향에라도 돌아온 것만 같아서 '여기 생활이 좋아질 것 같군.' 하고 혼자서 중얼거렸죠."

너트 아일랜드 팀의 고용 관행은 공동의 대의와 가치로 단단히 묶인 집단을 만들어주긴 했지만 팀의 표준적 운영 절차에 의문을 제기하거나 처리장의 악화된 상황을 고위 경영진에게 일러바칠 수 있는 '투덜이들'은 모두 배제시켰다. 그렇게 해야 스미스를 위시한 동료들에게 이로웠다. 일치단결된 집단을 결성해야, 교차교육도 잘 이뤄지고, 부서 간 적개심도 쉽게 타파되었기 때문이다. 팀 리더들은 직원들의 직무 만족을 우선시했기 때문에 다른 업무로 고용된 사람들이라도 각자에게 적합한 자리로 재배치시켰다. 이러한 조처는 팀원들의 사기와 직원들 간의 신뢰와 주인의식도 진작시켰다.

주인의식이 어느 정도까지 강화되었는지는 팀의 희생적 행동에서 엿볼 수 있었다. 너트아일랜드 근로자들이 연간 받던 임금은 60년대와 70년대 당시의 저임금 수준이던 연 2만 달러에 채 미치지 못했다. 그런데 스페어 부품을 살 돈이 없으면 팀원들은 기꺼이 자기들 호주머니를 털었다. 그들은 업무 시간도 한없이 봉사했다. 핵심 업무를 맡았던 직원들은 매일 8시간의 정규 업무시간보다 훨씬 많은 시간을 일했다. 오버타임 급료를 신청하는 것도 어쩌다 한 번씩이었다. 실제로 내가 면담했던 너트 아일랜드 출신 동료들은 이 화제에 대해서는 좀 거북해했는데 오버타임 급료를 신청한다는 행위 자체를 부끄러운 일로 생각하는 것 같았다.

그러다 너트 아일랜드 처리장은 1952년에서 1985년까지 보스턴 근교의 공원 및 유원지, 주요 도로, 용수 및 하수 시설을 관할했던 기반 시설 기관 MDC(Metropolitan District Commission, 수도권 위원회)의 관할로 편입된다. (1985년에는 매사추세츠 주 연방 법률에 따라 용수·하수 관련 업무는 신생 기관 매사추세츠 수자원국 Massachusetts Water Resources Authority으로 돌아간다.) MDC는 1900년대 초중반에 유능한 엔지니어와 엄격한 관리로 명성이 높았던, 공학적 쾌거로 종종 언급되었던 용수 및 하수 처리 시스템을 건설해서 가동에 들어갔던 기관이었다.

그러나 1960년대에 들어서자 주 법률의 노리개로 전락해서 주 의원들의 후원 기관 역할을 했다. MDC 위원들은 2년 이상 근무하는 법이 없었고 업무의 우선순위는 예산을 통제하는 주 의원들의 우선순위에 따라서 결정되었다. 의원들은 유권자들의 마음을 사려면 하수 시스템이 들어선 지역 안에 스케이트장과 수영장을 유치해야한다고 생각해서, 그에 따라 자금 정책을 펼치며 정치적 압박을 가했다.

그래서 보스턴 근교 하수 시스템의 운영은 국회 후원자들을 만족시키는 일에 혈안이 된 정치 관료들에 의해 좌지우지되었다. 스케이트장을 하나 더 유치하는 일이 너트 아일랜드를 유지하는 일보다 더 중요하다면 그렇게 추진되었다.

하수처리장에 전해 내려오는 이야기를 들으면 MDC 관리자들이 하수처리장을 어떤 식으로 대했는지를 알 수 있다. 계속 전해내려 오면서 신화적 힘을 얻게 된 그 이야기는 어느덧 너트 아일랜드 팀의 정체성으로 형성되어버렸다.

1960년대 어느 날 너트 아일랜드의 감독자 제임스 코넬(James W. Connell)이 차일피일 지연되던 중대 장비의 유지보수 자금을 MDC 위원에게 요청하기 위해 보스턴에 갔다고 한다. 그런데 위원의 대답은 고작 "민들레나 좀 정리하세요."였다고 한다.

코넬은 깜짝 놀라서 다시 말씀해달라고 했다.

"분명히 말했잖소. 나는 거기 사람들이 돈을 좀 거둬서 잔디밭에서 민들레를 치워버렸으면 해요. 민들레 때문에 경관을 망치고 있잖소."

그 이야기는 자체로도 어떤 메시지를 전달하지만, 나는 그 위원이 하수처리장의 잔디밭과 잔디밭 위의 민들레를 눈여겨봤다는 것 자체가 매우 불가사의한 일이라고 지적하고 싶다. MDC의 고위 경영진이 너트아일랜드를 방문하는 일은 매우 드물어서 한 번은 위원 한 명이 처리장을 방문했는데 거기 근로자들이 알아보지 못하고 작업지시서를 전달한 일도 있었다고 한다. 스미스는 거의 대부분 "우리는 우리 식대로 일을 했고 그들은 그런 우리를 내버려뒀어요."라고 회고했다.

이런 상황이 결정적 계기가 되어 바로 너트아일랜드 효과의 1단계가 시작된 것이다. 다른 업무에만 정신이 팔려 있는 경영진과 미천한 일도 마다하지 않고 열심히 임했던 헌신적인 팀의 결합으로 인해 말이다. 그들은 경영진뿐 아니라 고객(대중)으로부터도 차단되어 있었다. 비슷한 배경, 가치 체계, 전망을 공유한 팀원들은 서로에 대해서는 막대한 신뢰감을 키워 나갔지만 외부인들, 특히 경영자들에 대해서는 그 반대였다.

이제 경영진이 심하게 홀대하기만 하면 팀은 내리막길을 걷기 위한 준비가 다 된 것이다.

너트 아일랜드에서 그 효과가 여실히 드러난 것은 1976년 1월이었다. 처리장에서 가동되던 거대한 디젤엔진 4대가 갑자기 멈춰버린 것이다. 예고된 재앙이기도 했다. 1970년대 초반부터 너트 아일랜드 직원들은 보스턴의 위원들에게 그 디젤엔진들의 유지보수가 절대로 필요하다고 경고했었다. 그 엔진들은 폐수를 처리장으로 퍼 올려서 통기탱크와 처리탱크로 흘러들어가게 하는 기능을 했다.

그러나 MDC는 그 엔진들을 유지보수하기 위한 자금을 지원하려 들지 않았다. 처리장 운영자들에게 전달된 말은, 고작 이미 할당된 예산으로 어떻게 좀 해보라는 말과 기계가 정말 멈춘다면 그때 돈을 써주겠다는 말이었다. 본질적으로 MDC 경영진의 태도는 어떤 위험 사태가 정말 터져야만 수습하겠노라는 식이었다. 그런데 그 위험 사태는 엔진들이 일제히 가동을 멈추었을 때 터졌다. 처리장팀이 엔진을 다시 돌리려고 정신없이 손을 썼지만 나흘 동안 처리가 되지 않은 하수오물은 보스턴 항으로 흘러들어갈 뿐이었다.

이 사고로 인해 너트 아일랜드 팀과 고위 경영진 사이의 갈등은 제2단계에서 제3단계(수동적으로 적개심을 키우는 단계에서 적극적으로 상대를 따돌리는 단계)로 접어든다. 처리장 사람들은 디젤엔진의 고장 원인을 MDC 본사 탓으로 돌렸다. 그들이 자신들을 무시하지 않고 자신들의 말에 귀를 기울여주었더라면 비켜갈 수 있었던 억울한 실수라는 논리였다.

일반적인 상황이라면 경영자들의 무관심한 태도는 팀의 의욕과 동기부여를 떨어뜨릴 수가 있었지만, 너트 아일랜드 사람들에게는 반대 효과를 냈다. 그들은 고된 역경 속에서 더욱더 강한 전우애를 싹틔웠다. 너트 아일랜드는 그들만의 처리장이었고 그것이 멈추지 않고 가동되는 것은 전적으로 그들만의 영웅적 노력이 빚어낸 공적이었다. 보스턴의 관료들 중 처리장의 운영 방식을 제어하려고 드는 이는 아무도 없었다.(오늘날까지 너트 아일랜드 직원들은 자신들의 단결심이 본사에서 소외당한 반발 작용으로 형성된 것이라는 사실을 부인한다.) "그자들에게 어떤 공도 돌리고 싶지 않아요."라고 한 근로자는 내게 말했다.

너트 아일랜드 근로자들은 될 수 있는 한 고위 경영진과의 접촉도 피하려고 들었다. 처리장에 악취방지용 화학약품 염화 제1철이 떨어져도 아무도 본사에 재고 보충을 위한 자금을 요청하지 않았다. 그 대신 지역 공동체 활동가를 만나서 처리장에서 악취가 방출된다고 주 대표한테 가서 불평을 좀 해달라고 부탁했다. 그러면 주 대표는 다시 MDC 본사를 찾아가고 너트 아일랜드 팀은 이런 식으로 염화 제1철 새 제품을 제공받곤 했다. 이것은 빌 스미스의 영민한 '직속상사와의 관계관리' 사례였다. 그러나 이 사례에서 우리는 팀이 경영진과 대면하지 않기 위해 어떤 방법까지 동원했는가를 여실히 들여다볼 수 있다.

너트 아일랜드 사람들은 정밀 조사를 해야 하거나 폐기되어야 할 기계를 보고하지 않고 시간이 지나도 계속 가동하는 식으로도 경영진과의 대면을 회피했다. 그들은 부품을 현장에서 직접 만들기도 하는 등 기발하게 기계를 수리해서 썼다. 그러나 불행하게도 그러한 팀의 지략이 훌륭한 팀이 되고자 하는 그들의 발목을 잡고 만다.

폐기물 찌꺼기를 소화 탱크에 품어 올리던 펌프도 처리장의 가장 골치 아픈 장비 중 하나였다. 그들은 탱크 안에 폐기물 찌꺼기 내에 서식하는 병원체를 없애고 줄여서 보스턴 항에 방출되더라도 안전하게 만들기 위해 무기성(산소가 없어도 자라는) 박테리아를 집어넣었다. 그리고 여러 해

동안 유지보수가 지체되어 펌프들이 노화되었지만 너트 아일랜드 사람들은 기계를 바꿀 자금을 지원해달라고 보스턴에 요청하는 대신 기계에 기름칠만 잔뜩 해댔다. 그렇게 범벅이 된 기름은 소화탱크 안에 스며들어갔다가 거기에서 다시 항구로 방출되었다.(1991년부터 이 폐기물 찌꺼기는 비료로 재활용되기 위해 인근 시설로 보내졌다.) 그 오염된 폐기물 찌꺼기가 방출되면 동부 연안의 다른 항구들보다 보스턴 항의 퇴적물에 기름때가 잔뜩 끼게 될 거라는 사실을 알고 있었다고 한 하수처리 연구원은 내게 털어놓았다.

주먹구구식 규정의 위험성

팀이 다급한 임무에만 몰두하게 되면 큰 그림을 쉽게 놓쳐버릴 수 있다. 그러나 너트 아일랜드 팀에겐 임무 자체가 큰 그림이 되어서 다른 고려 사항들은 별로 눈에 띠지 않게 된다. 똑똑한 관리자들이라면 이런 경향을 타파하기 위해 자기 조직 사람들을 다른 조직의 관점이나 관행에 노출시켜서 현실을 재점검할 기회를 만들어준다(이 글의 마지막에 있는 '너트 아일랜드 효과가 시작되기 전에 멈추는 방법' 참고). 그러나 너트 아일랜드 효과의 제4단계에 가 있는 팀은 이렇게 다른 조직의 관점이나 관행에 노출될 기회도 박탈당한다. 외로운 왕따 집단으로 전락한 너트 아일랜드 팀은 한계가 있는 자기들 머리에서 나온 아이디어들로 자체 규정을 짜내기 시작한다. 팀과 경영진 모두에게 조직이 순조롭게 굴러가고 있다는 거짓 정보를 전달하기 위한 이 자체 규정은 매우 기만적인 성격을 띠고 있다.

너트 아일랜드 팀의 규정에는 직원들이 정한 티끌(폐수로 흘러들어간 모래, 먼지, 미립자가 뭉쳐진 침전물)의 허용치도 들어 있었다. 처리장 설계에 문제가 있어서 하수오물의 유입이 특정 양을 초과하면 통기 탱크들이 티끌로 막혀버리기 때문이었다. 처리장 운영자들은 유입량을 관리 가능 수준으로 제한하고 난 뒤 초과분은 항구로 우회시키는 식으로 이 문제를 처리해버렸다. 너트 아일랜드 효과에 걸려 있는 팀은 전형적인 왜곡된 시각에 갇히게 되어, 이렇게 해도 폐수 초과량은 엄밀히 말해 시설로 유입된 것이 아니기 때문에 처리장에서 과잉 방출된 것으로 기록조차 하지 않았다.

너트 아일랜드에서 염소를 사용한 행위도 주먹구구식 규정 탓이었다. 하수오물의 유입량이 많아지면 처리장을 거쳐 나온 하수오물도 완전히 처리되지 않은 상태로 방출됐는데, 그때 처리장 운영자들은 폐수에 염소를 엄청나게 뿌려서 바다로 흘러가게 만들었다. 염소는 폐수의 병원균을 조금 제거해주긴 하지만 다른 순기능은 별로 없는 물질이다. 환경 보호 기관이 환경오염 물질로 분류하고 있는 염소는 바다 생물체를 죽이고 바다 내 산소 공급을 고갈시키며 취약한 해변 생태계에도 해를 입힐 수 있었다. 그런데 너트 아일랜드 팀에서 염소는 없는 것보다는 나았다. 그들은 염소 처리를 할 때 나름대로 계산을 하여 최소량을 쓰긴 했다. 퀸시 주민들이 용수와 해변에 미처리 하수오물이 흘러들어갔다고 불평하자 그들이 길길이 날뛰며 부인했던 이유가 바로 여기 있었다.

너트 아일랜드 효과는 이제 제 5단계에 접어들어 자기들만의 왜곡된 현실에 갇히는 단계가 된다. 경영진의 경우, 이 과정은 매우 단순하게 진행된다. 일단 팀의 운영에 개입을 하고 싶어 하지 않는 그들은 팀의 문제와 성과 부진에 대해 팀원들이 능수능란하게 위장하면 쉽게 속아 넘어갔다. 사실 자기들이 먼저 속아 넘어가고 싶어 한지도 모른다. 어찌 보면 그들이 원인제공자였던 셈이다. 그리고 MDC 경영진이 너트 아일랜드 팀을 그냥 내버려둔 이유는, 시설은 조금 낙후되었어도 특히 1970년대와 1980년대에 여러 번 고장이 나서 크게 유명해진 오래된 디어 아일랜드 처리장과 비교해봤을 때 겉보기에는 멀쩡했기 때문이었다. 그래서 그들은 너트 아일랜드의 노련한 지략에 속아 넘어가 처리장 일에 대해서는 마음을 놓고 다급해 보이는 일에만 집중했다.

팀원들의 경우 자기기만적 행동에 빠지게 되는 과정은 복잡했다. 거기에는 소망적 사고, 즉 자신이 보고 싶지 않은 현실에 위배되는 정보는 거부하는 인간의 성향도 개입되었다. 예를 들어 처리장 실험실에서 했던 실험들을 한번 생각해보자. EPA가 요구하는 이 실험들은 미국 내 모든 오수처리장에 세균성 박테리아와 기타 오염원이 얼마나 폐수에 잔류해도 되는지 그 허용치를 명시하고 있다. 매사추세츠 수자원국에서 일했던 한 연구자는 너트 아일랜드 실험실 직원이 불리한 실험 결과를 간단히 무시하곤 했다고 내게 털어놓았다. 그렇다고 EPA를 속이려는 의도가 있었던 건 아니라고 서둘러 덧붙였다. "EAP에서 나와서 '수치가 맞지 않네요. 다시 실험하세요.' 하고 말할 것 같아서 그랬을 뿐이죠." 이런 식의 무의식적 편견이 다른 실험실 상황에서도 빈번히 일어나기 때문에 이를 바로잡기 위한 여러 방법들이 있다.

그런데 너트 아일랜드에서는 자기들이 편견에 빠졌다는 사실 자체를 깨닫지 못했다. 그 결과 너트 아일랜드의 수치들이 EPA 허용치 안에 들어가 있는 것처럼 표기되어 있는 한 보스턴의 MDC 경영진은 처리장에서 이뤄지는 실험계획법에 대해 어떤 의문도 제기할 빌미를 찾지 못했다. 너트 아일랜드 사람들이 '허용치를 만들어내는 행위'는 그들이 보스턴 항의 오염을 악화시키고 있었다는 증거였다.

너트 아일랜드를 지배했던 대체 현실을 유지하려면 소망적 사고로만은 안 되었다. 외부인들이 불편한 진실을 지적할 때면 무작정 부인부터 하고 보는 태도도 키워야 했다. 여러 해 동안 퀸시의 환경 자문으로 일했던 데이비드 스탠리(David Standley)에게서, 나는 이 점을 발견했다. 큰 키에 배불뚝이인 스탠리는 꼼꼼하고 천부적인 엔지니어였는데 1996년 처리장의 소화 탱크들이 어떤 상태에 있었는지 내게 말해주었다.

아무리 주위 환경이 좋아도 폐기물 찌꺼기는 혐오 물질이어서 그것을 처리하고자 하는 인력이 부족하다. 그래서 그 처리 과정이 제대로 지켜지게 하려면 각별한 주의와 감독이 필요하다. 그러나 스탠리가 처리장에서 목격한 것들에 의하면 폐기물 찌꺼기들이 상상도 못할 정도로 위험한 주먹구구식 방법으로 다뤄지고 있었는데, 사용 가능한 물질로 재생해야 한다는 생각은 안중에도 없었던 듯하다. 보스턴의 폐기물 찌꺼기를 비료로 전환하기로 계약되었던 회사에서 실제로 1995년과 1996년에 너트 아일랜드로부터의 선적분을 40% 거절한 적이 있었다. 분명히 그 소화 탱크들에 문제가 있었던 것이다. "저는 탱크의 공정모수를 들여다본 뒤 장비가 멈출 것 같네요라고 했었죠."라고 스탠리는 회고한다. "탱크에 특별한 양상 없이 매일 휘발성 산이 20% 이상 올라갔다 떨어지는 현상이 발생하면 분명히 문제가 있는 거거든요."

그러나 그가 이런 우려를 내놓자 예상대로 너트 아일랜드 사람들은 마뜩찮아 하는 반응을 보였다. "사람들은 싸움이라도 할 기세였어요. 니 일이나 잘 하라는 식의 반응이었죠."라고 스탠리는 말했다. 그들은 한 술 더 떠서 그 소화 탱크는 아무런 문제가 없고 멀쩡하다고 큰소리를 쳤다. 휘발성 산이 큰 폭으로 올라갔다 내려갔다 하는 현상은 탱크의 중요치 않은 특성일 뿐이니까 별로 신경 쓰지 않아도 된다는 이야기였다. 팀은 그런 편차가 발생한 근본 원인을 파헤치려고 하지 않고 샘플 판독(이것마저도 신뢰성이 의심가지만)에서 산도가 높게 나오면 탱크에 알칼리를 왕창 추가하는 식의 임시변통으로 손을 썼다.

  1997년 처리장의 일시 폐쇄 같은 어떤 외부 사건이 개입되지 않았다면 너트 아일랜드의 상황은 아마 계속 악화되어 결국 소화 탱크가 멈추거나 또 어떤 위험한 일이 터졌을지도 모를 일이다. 처리장이 이전 문제로 일시 폐쇄되어 그런 일이 미연에 방지된 것인데, 당시 모든 하수처리 설비는 보스턴 근교의 하수 시스템을 점검하고 보스턴 항을 정화하기 위한 대대적인 프로젝트의 일환으로 디어 아일랜드에 새로 지어진 첨단 시설로 이전되었다. 너트 아일랜드 팀도 그로 인해 해체되었다. 당시 보스턴 항은 그 드림팀이 처음 결성되던 1960년대 말보다 30년이 지난 해체 당시에 오염이 더욱 심각해졌을 뿐이었다.

경영진의 의무

  조직연구 분야는 기반도 튼튼하고 문헌도 방대한 학문이다. 그러나 내가 지금 너트 아일랜드 효과라고 부르고 있는 조직 현상은 아직까지 그 명칭이 부여되지 않은 상태로 판단된다. 내가 경영자들에게 설명했을 때 그런 현상이 조직 내에서 발견된다는 사실을 인정했듯이, 사람들이 전혀 인식하지 못하고 지내는 현상은 아니지만 말이다. 어쩌면 구체적인 명칭이 없다는 사실은 이 현상이 교묘해서 감지하기 힘들다는 사실을 시사하는 것일 수도 있다. 너트 아일랜드 효과는 팀원들이 경영진의 눈길을 피해갔던 것처럼 경영자들과 학자들의 레이더망도 빠져나갔는지 모른다.

많은 공공 기관과 사기업 안에서 흔히 발견되고 오랜 기간에 걸쳐 발전되는 너트 아일랜드 효과는 조직병리라기보다는 일반적인 업무 행태의 한 측면으로 보이기도 한다. 그러나 나는 모범적인 사람들이 교착상태에 빠져 그런 식의 과오를 범하는 것을 일반적 사례 또는 불가피한 사례로 바라보아서는 안 된다고 생각한다. 그렇게 되면 비극이다. 그것은 인간의 열정과 정력의 측면에서도 비참한 낭비이고, 조직의 사명과 실리의 측면에서도 조직의 뿌리를 뒤흔드는 위협이다. 그렇기 때문에 경영진은 너트 아일랜드 효과가 발생할 수 있는 상황을 인식하여 그것이 조직에 뿌리 내리지 못하도록 해야 할 의무가 있다고 본다.

:: 너트 아일랜드 효과의 5단계

너트 아일랜드 효과는 깊은 사명감으로 단결한 팀과 그 조직을 소외시키는 고위 경영자들이 서로 대적하는 상황에 놓이게 만드는 파괴적 조직역학을 말한다. 그들의 갈등은 다음 5단계의 예측 가능한 단계를 거쳐서 계속 부정적인 피드백의 악순환을 낳는 식으로 전개된다.

1. 경영진은 가시적인 문제들에만 사로잡혀서 중대하지만 뒤에서 처리할 임무는 막대한 재량권과 함께 팀에게 떠넘긴다. 팀원들은 강력한 업무강령을 자체적으로 발달시켜서 어떤 일이 있으면 외부의 간섭을 받지 않고 자기들 선에서 해결하는 쪽을 택한다. 자체적으로 조직을 구성하고 관리하는 일에도 능숙해져서 자부심 어린 독특한 정체성을 키우게 된다.

2. 고위 경영진은 팀의 자율경영을 당연히 받아들이고, 팀원들이 도움을 요청하고 당면한 문제에 대해 경고를 할 때 팀원들을 무시한다. 문제가 닥치면 팀은 경영진에게 배신감을 느끼고 적대감으로 반응한다.

3. 팀은 자신들의 소외된 위치를 영웅적인 왕따 집단으로 승화시키고, 팀 안에는 세상과의 괴리감이 자리 잡게 된다. 경영진의 레이더망에서 벗어나고 싶어서 문제를 위장하는 일에도 능수능란해진다. 팀원들은 외부인들이 어떤 문제를 지적해도 그것을 결코 인정하거나 도움을 구하지 않는다. 경영진 역시 팀에이 아무런 보고를 올리지 않으면 팀에 아무 문제가 없다는 신호로 받아들인다.

4. 경영진이 팀을 외부의 관점이나 관행에 노출시켜야 하는 의무를 수행하지 않아서, 그 결과 팀은 자체 규정을 만든 다음 그 규정이 조직의 사명 완수에 기여한다고 자기들끼리 믿기 시작한다. 그러나 실제로 그 규정은 심각하게 부진한 팀 성과를 은폐시키는 역할만 하게 된다.

5. 경영진과 팀은 때가 늦어 바로잡기 힘든 현실에 대해 각자 왜곡된 그림을 그려나가기 시작한다. 팀원들은 좋은 뜻을 가진 외부인들이 도움의 손길을 내밀거나 어떤 문제나 성과 부진에 대해 지적하려 들면 이를 거부한다. 경영진은 또 경영진대로 무소식이 희소식이라는 태도로 팀원들과 그들의 수행하는 임무를 계속 무시한다. 어떤 외부 사건이 그 교착상태를 깨줄 때까지 경영진과 팀은 계속 서로를 피하면서 지낸다.

:: 너트 아일랜드 효과가 시작되기 전에 멈추는 방법

어떤 예방약을 써야 너트 아일랜드 효과를 멈출 수 있을까? 경영자들은 한 시도 긴장의 끈을 놓쳐서는 안 된다. 너트 아일랜드 팀을 유명하게 만든 자부심과 사명감은 우리가 조직 안에서 키우고자 하는 미덕인 것은 분명하다. 하지만 그러한 팀이 너트 아일랜드 효과에 빠지지 않게 만드는 비결은 그들이 소외되어 자기기만과 비생산적 관행을 키워서 결국 실패에 다다르게 되는 외부와의 단절 상황에 빠지지 않게 만드는 것이다.

너트 아일랜드의 직원들은 그들만의 업무 보상체계를 발전시킨다. MDC 본사의 무관심으로 팀원들은 점점 직무태만에 빠지게 되는데 헌신적인 팀 관리자들은 분명한 행동으로 팀 내 보상체계를 점점 다듬어간다. 그 체계 하에서는 조직의 사명을 정말 중시하는 일인 처리장에서 되도록 많은 오수를 처리하고, 비용으로 쓰일 양질의 폐기물 찌꺼기를 만들어내는 일보다는 임무 중심의 결과들, 즉 침강 탱크의 티끌을 피하고, 폐기물 찌꺼기 펌프들이 멈추지 않게 하고, 소화 탱크를 고장 내지 않는 것이 보상이 되었다. 너트 아일랜드 직원들은 영웅이었지만 안타깝게도 잘못된 전쟁을 하고 있었다. 그 책임은 전장에서처럼 사병들이 아닌 장군들의 몫이다. 너트 아일랜드 현상은 팀에게 더 나은 재정적 지원, 새로운 직무 선택권, 최고 경영진의 지원, 기타 기회들을 제공했던 10년간의 조직 및 경영 상의 변화에도 불구하고, 1997년 처리장이 폐쇄될 때까지 놀라울 정도로 끈질긴 지속력을 보여주었다. 이 사실에서 기업 경영자들은 큰 경각심을 깨우쳐야 한다. 자신의 조직에서 너트 아일랜드 효과가 발견되면 다른 일은 제쳐놓고 그러한 현상을 없애는 일부터 실시해야 할 것이다. 이를 위해 너트 아일랜드 효과를 없애기 위한 방법을 다음에 소개해 놓았다.

1. 첫째, 기업의 전사적 목표와 내부 조직들을 연계시킬 수 있는 성과측정 방법과 보상 체계를 마련하는 것이다. 팀에 내부 결속력이 있어야 책임감과 동지애가 생긴다. 그러나 그 내부 결속력은 기업의 사명을 정확하게 파악하여 외부 목표와 연계 활동을 할 수 있는 것이어야 한다.

2. 둘째, 고위 경영진은 팀을 자주 방문하여 포상 행사를 실시하거나 외부인들이나 고객들을 이끌고 현장을 둘러보는 식으로 존재감을 보여야 한다. 이렇게 하면 어떤 문제에 대해 초기 경고를 감지할 수 있고, 팀에게도 그들이 존중받고 있으며 그들의 말이 경청되고 있다는 느낌을 심어줄 수 있다.

3. 셋째, 팀 인력을 조직의 외부에 노출시켜서 그들의 활동이 다른 부서와 통일감을 갖도록 만들어야 한다. 이렇게 하면 팀원들이 기업이나 다른 조직의 사람들과 아이디어나 관행들을 접할 수 있게 되어, 거시적인 관점에서 업무에 접근할 수 있을 것이다.

4. 마지막으로 관리자, 라인 감독자에 차이를 두지 말고 팀의 실제 업무 환경에서 순환 업무를 할 필요가 있다. 2, 3년 주기이면 좋다. 이는 조직 충성심을 약화시킬 정도로 빠른 주기는 아니면서, 조직 내에 나쁜 습관이 관행화되는 것을 막기에는 충분한 주기이다. 순환 근무가 특정 집단을 향한 징벌로 보이지 않게 하려면 기업 활동의 일정한 규칙으로 정착시키면 된다.

| 출처 |

1장 Jon R. Katzenbach and Douglas K. Smith, "The Discipline of Teams", Harvard Business Review, March, 1993.

2장 Vanessa Urch Druskat and Steven B. Wolff, "Building the Emotional Intelligence of Groups, Harvard Business Review, March, 2001

3장 Isabelle Royer, "Why Bad Projects Are So Hard to Kill", Harvard Business Review, February 2003.

4장 Amy Edmondson, Richard Bohmer, and Gary Pisano, "Speeding Up Team Learning", Harvard Business Review, October, 2001.

5장 David A. Garvin and Michael A. Roberto, "What You Don't Know About Making Decisions", Harvard Business Review, September, 2001

6장 Etienne C. Wenger and William M. Snyder, "Communities of Practice: The Organizational Frontier", Harvard Business Review, January, 2000.

7장 Christopher Meyer, "How the Right Measures Help Teams Excel", Harvard Business Review, May~June 1994

8장 Paul F. Levy, "The Nut Island Effect: When Good Teams Go Wrong", Harvard Business Review, March, 2001.

옮긴이 **이영진**

고려 대학교에서 국문학을 전공했고, 한국 쓰리콤 등 외국기업에서 일했다. 현재 바른번역에서 전문 번역가로 활동하고 있으며, 역서로서는, 『스마트 비즈니스』, 『왜 똑똑한 사람이 멍청한 짓을 할까』, 『팀 건의 우먼스타일 북』, 『리더십은 섬김과 포용의 예술이다』 등이 있다.

KI신서 2064
하버드비즈니스클래식
팀 매니지먼트

1판 1쇄 인쇄 2009년 9월 7일
1판 1쇄 발행 2009년 9월 21일

지은이 더글러스 스미스 외 **옮긴이** 이영진 **펴낸이** 김영곤 **펴낸곳** (주)북이십일 21세기북스
기획 엄영희 **디자인** 씨디자인, 네오북 **마케팅·영업** 최창규, 이희영, 서재필, 김보미
출판등록 2000년 5월 6일 제10-1965호
주소 (우413-756) 경기도 파주시 교하읍 문발리 파주출판단지 518-3
대표전화 031-955-2100 **팩스** 031-955-2151 **이메일** book21@book21.co.kr
홈페이지 www.book21.co.kr **커뮤니티** cafe.naver.com/21cbook

값은 뒤표지에 있습니다.
ISBN 978-89-509-2014-2 13320

이 책의 내용의 일부 또는 전부를 재사용하려면 반드시 (주)북이십일의 동의를 얻어야 합니다.
잘못 만들어진 책은 구입하신 서점에서 교환해 드립니다.